청동빛 왕국
충선왕

역사를 바꾼 인물 · 인물을 키운 역사

청동빛 왕국
충선왕

역사 · 인물 편찬 위원회 엮음

머_
리_
말_

 1259년, 몽골의 원나라와 30년 동안 이어졌던 전쟁이 비로소 끝이 나고, 고려와 몽골은 마침내 강화 조약을 체결했다. 몽골군은 고려에서의 철수 조건으로 고려 태자를 몽골에 조회하고, 수도를 강화도에서 개경으로 옮기게 했다.
 그 무렵에 몽골은 남송 정벌에 집중하고 있었기 때문에 더는 고려에 군사를 주둔시킬 수 없었다. 고려도 백여 년간 이어 왔던 최씨 무신 세력이 무너지고, 마침내 왕정을 복고할 수 있는 커다란 정치 변동을 겪고 있었다.
 그 뒤, 고려의 태자(훗날 원종)가 몽골로 들어가 쿠빌라이(훗날 원 세조)를 만났다. 쿠빌라이는 고려의 제도와 풍속을 변경시키지 않겠다는 약속을 했다. 그렇게 하여 고려는 원나라의 피정복국이 아니라 천자국인 원나라의 제후국으로서 고유한 제도와 풍속을 유지할 수 있게 되었다. 다만 군사 제도나 국왕의 즉위, 교체 등 정치와 군사적인 문제는 철저하게 원나라 간섭을 받아야 했다.

그 뒤로 고려에서는 원나라 출신 왕비의 측근이나 원나라 세력을 등에 업은 세력이 새로운 정치 세력으로 등장했다. 따라서 권세가들은 국왕의 비호 아래 제멋대로 불법을 저지르며 백성의 재산을 빼앗고, 세금을 수탈했다.

충선왕은 어린 시절부터 권세가들에게 빼앗긴 땅을 찾아 달라고 하소연하는 백성을 많이 보며 자랐다. 그것은 훗날 백성의 토지를 빼앗고 과중한 수탈로 백성을 괴롭히던 권세가를 제거하는 과감한 개혁을 단행하는 계기가 되었다. 또한 충선왕은 유교 관료 집단을 등용하는 등 대대적인 인사 개혁을 서둘렀다. 하지만 원나라는 충선왕의 빠른 개혁 속도를 우려해 충선왕을 실각시켰다.

그 뒤, 충선왕은 폐위된 채 10년 동안 원나라에 머물렀는데, 이 무렵에 원나라 황제 계승전에 깊게 개입했다. 그리고 충선왕의 도움으로 황제에 즉위한 무종은 보답으로 충선왕을 심양 왕 자리에 봉했다. 심양 왕은 중국 심양 지역에 거주하는 고려인들을 통치하는 자리였다.

1308년에 다시 고려 왕위에 오른 충선왕은 1차 개혁 때와는 전혀 다른 정치를 시도하여 고려의 재정 수입을 늘리려는 방식을 택했다. 충선왕은 세계의 강국인 원나라의 앞선 제도와 문물을 받아들여 고려의 재정 위기를 극복하려 했던 것이다.

충선왕은 우리 나라에서 최초로 세계화를 추구했던 왕이었다. 또한 고려의 본질적인 문제를 정확하게 파악하고 있었고, 권세가들을 과감하게 제거하지 않으면 안 된다는 것을 꿰뚫고 있었던 왕이었다.

하지만 충선왕에게 고려와 원나라는 전혀 다른 나라가 아니었다. 원나라 어머니 밑에서 태어나 원나라에서 어린 시절을 보냈던 충선왕에게 고려와 원나라는 같은 나라나 다를 바 없었다. 그러다 보니 고려의 현실을 무시하고 원나라의 선진적인 제도와 문물에 모든 것을 맞추려고 했다. 또한 재위 중에 많은 세월을 원나라에서 보낸 것도 그곳이 더 편안했기 때문이었다. 따라서 고려의 정치 현실에 대해서는 그만큼 무관심할 수밖에 없었다.

외치에 치중하다보니 내치가 소홀할 수밖에 없었고, 측근 신하들은 제멋대로 권력을 휘두르며 백성의 재산을 수탈했다. 결국, 원나라의 제도를 개혁 모델로 삼아 고려의 왕권과 왕조를 안정시키려 했던 충선왕의 정치는 실패로 끝날 수밖에 없었다.

청동빛 왕국 충선왕

차

례

무신들이 다스리는 칼의 세상…12

허수아비로 전락한 고려의 왕…31

천하를 움켜 쥔 최충헌 세력…48

몽골군의 끝없는 침략…67

원나라의 부마국이 된 고려…84

충선왕의 등장…102

충선왕의 개혁 정치…119

반대 세력과의 끝없는 충돌…136

원나라 연경을 떠나지 않은 충선왕…155

청동빛 왕국
—충선왕—
고려의 세계화를 추구했던 고려 왕

제위기간 (1298 1~8월, 1308년 7월 복위~1313)

고려 제26대 왕. 1277년(충렬왕 3)에 세자로 책봉되었으며 1291년(충렬왕 17) 원나라로부터 특진상주국 고려국왕 세자의 호를 받았다. 1297년에 충렬왕의 총애를 빙자해 횡포가 심한 궁인 무비와 환관 도성기, 최세연 등 40여 명을 죽여 궁중의 기강 확립을 기도했는데, 이 사건을 계기로 이듬해에 왕위에 올랐다.

즉위한 후, 정방을 폐하는 등 관제를 혁신하고 권신이 소유한 광대한 토지를 몰수하여 백성에게 나누어 주었으며, 군제, 세제를 정비하고 원나라에 대해서도 자주적인 태도를 취했으나 원나라 사신에게 국새를 빼앗기고 선위 7개월 만에 왕위에서 물러나 원나라로 소환되었다.

1308년, 충렬왕이 세상을 뜨자 다시 고려로 돌아와 왕위에 올랐다. 복위 후 기강의 확립, 조세의 공평, 인재 등용과 공신 자제의 중용, 농·잠업의 장려, 동성 결혼 금지, 귀족의 횡포 억제 등 과단성 있는 혁신 정치를 단행했다.

또한 각염법을 제정하여 소금의 전매를 단행함으로써 그 때까지 사원과 권문세가에서 소금을 독점하여 폭리를 취하는 것을 막기도 했다.

원나라에서 만권당을 세우고 서적을 수집하며 이제현과 원나라의 유학자들을 교유하게 하는 등 문화 교류에 힘썼다.

무신들이 다스리는 칼의 세상

"태조(왕건)께서 고려를 세우실 때 가장 많은 도움을 준 것은 문신이 아니라 무신이다. 태조께서 공산전투에서 적에게 둘러싸여 죽음 직전에 놓여 있을 때도 태조의 옷으로 갈아입고 김락 장군과 함께 태조를 살리기 위해 목숨을 버린 신숭겸 장군도 무인이었다. 만약 그 때 신숭겸 장군이 태조 대신 죽지 않았다면 고려는 아예 일어나지도 못했다. 그런데 어찌하여 고려를 세우는 데 앞장선 우리 무인들이 붓대나 놀리는 문인들에게 멸시를 당해야 된단 말인가?"

"소손녕과 담판을 지어 강동 6주를 얻어낸 서희, 귀주대첩을 성공시킨 강감찬, 여진을 정벌해서 동북 9성을 건설한 윤관도 모두 무신이 아닌 문신이었다. 지금 고려는 무신의 최고 품계를 정3품 상장군에 한정시키고 전쟁 같은 극한 상황에서도 무신은 언제나 문신 출신의 상원수의 명령을 받아야 하는 입장이 아닌가."

고려 제18대 인종 대에 이르자 고려의 문신 중심의 관료 체제에 대한 무신들의 누적된 불만이 표출되기 시작했다. 전쟁이 발발할 경우, 고려는 대개 정2품 평장사(지금의 부총리급)를 원수에 임명했다.

문인인 평장사를 지휘관으로 삼은 데는 이유가 있었다. 국가 전란을 문신과 무신이 모두 함께 대처한다는 상징적인 의미도 있었고, 또한 문신들도 무신과 마찬가지로 병법이나 용병 등의 지식을 갖춰야 한다는 뜻이기도 했다.

그리고 병권의 최고 책임자를 문신으로 삼은 것은 우발적으로 발생할 수도 있는 무신들의 군사 반란을 견지하고, 병사들의 불만을 정치적으로 해결하는 교량적 역할 목적도 있었다.

인종 이전까지는 무신들도 병권 구조에 대해 별 불만이

없었지만 이자겸*이 정권을 장악한 뒤부터 문제가 터지기 시작했다. 이자겸은 문신이었다. 문신 출신인 이자겸은 군권을 장악한 척준경*과 사돈을 맺고 많은 힘을 실어주었다. 그러다 보니 무신들의 힘이 하루아침에 급성장하기 시작했다.

인종은 왕권을 위협하는 이자겸을 제거하기 위해 거사를 일으켰지만, 그 거사는 척준경으로 인해 실패하고 말았다. 이자겸은 그 공로를 인정해 척준경에게 전에 없는 벼슬을 내렸다.

"장군께서 큰 공로를 세웠소. 정2품 평장사 벼슬을 내리도록 하겠소."

- 이자겸은 고려 시대의 문신이다. 예종 사후에 어린 태자(인종)를 즉위하게 하고, 두 딸을 왕비로 삼게 했다. 인종이 직접 자신의 집으로 와서 책서를 수여할 것을 요청할 정도로 세도를 부리자, 인종은 이자겸을 제거하기 위한 계책을 세웠다. 상장군 최탁·오탁, 대장군 권수 등이 거사하였지만 척준경에 의해 모두 처형되고 말았다. 그러나 이자겸과 척준경이 사소한 일로 틈이 벌어지자 인종은 이자겸을 제거해 달라는 친서를 척준경에게 전달했다. 왕의 밀명을 받은 척준경은 신속하게 거사하여 이자겸 일당을 제거하는데 성공하였다. 이자겸은 전라남도 영광에 유배된 후 거기에서 병사하였다.

- 척준경은 고려 시대 무신이다. 이자겸과 함께 인종을 폐하고자 군사를 이끌고 대궐을 침입하기도 했다. 그러나 왕의 권유로 뜻을 바꾸어, 이자겸 세력을 몰아냈다. 그 공으로 추충정국협모동덕위사공신이 되었지만 좌정언 정지상의 탄핵을 받고 암타도에 유배되었으며, 이듬해에 곡주로 이배되었다. 1130년 죄는 있지만 공도 적지 않다 하여 처자에게 직전(職田)을 돌려주었고, 1144년(인종 22) 복권되어 조봉대부검교호부상서에 기용되었으나 곧 세상을 떴다.

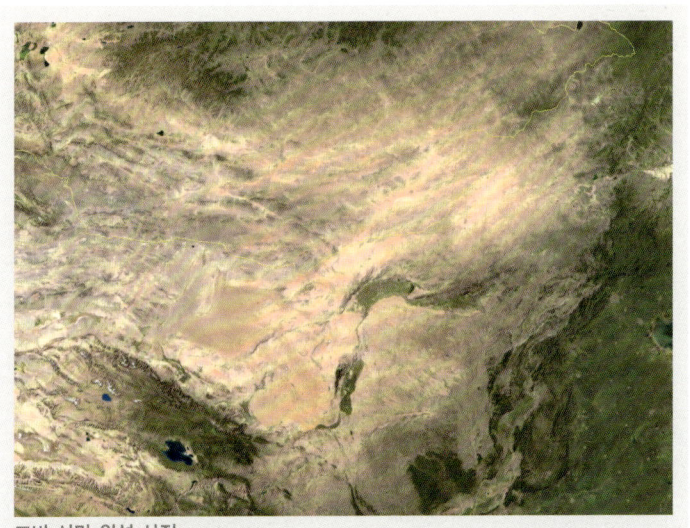

고비 사막 위성 사진
고비사막은 몽골과 중국에 걸쳐 있는 중앙아시아의 사막이며 아시아에서 가장 큰 사막이다. '고비'는 몽골어로 '거친 땅'이라는 뜻이다. 북쪽은 알타이 산맥과 스텝 지대, 남쪽은 티베트 고원, 동쪽은 화북 평원으로 둘러싸여 있다.

  이자겸은 관습을 깨고 척준경에게 정2품 벼슬을 내렸던 것이다. 이전까지 무신에게는 정3품 이상의 벼슬을 내린 적이 없었다.
  "태조께서는 무인을 대접했지만 광종대왕 이후로는 우리 무신들은 정3품 이상은 오르지 못할 나무에 불과했는데, 척 장군께서 정2품 벼슬에 올랐으니 우리 무신들에게

도 큰 희망이 생겼어."

"앞으로는 능력에 따라 정2품 벼슬에도 오를 수 있게 되었으니 얼마나 다행스러운 일인가."

척준경이 재상 직에 오르자, 무신들의 힘은 한층 강화되었다.

하지만 1135년에 일어난 묘청의 난이 진압된 뒤에 무신들의 세력은 땅바닥으로 추락하고 말았다.

고려의 양반 사회는 개경을 중심으로 한 문관들이 차지하고 있었다. 그리고 무관은 서경을 중심으로 형성되어 있었다. 그러다 묘청의 난이 일어나자, 서경의 무관들이 대거 그 난에 동조하기에 이르렀다. 결국 묘청의 난은 문관과 무반의 갈등이 빚어낸 난이었다.

묘청의 난을 진압한 것은 문관의 중심이었던 김부식이었다. 그 뒤로 서경 세력의 힘은 완전히 실추되었고, 그것은 무반의 입지를 크게 약화시키는 결과를 낳았다. 그 때부터 개경의 문관들은 무신들을 철저하게 멸시하기 시작했다.

무신들의 힘이 김부식의 묘청 세력 축출로 약화되었다면, 무신들의 반란은 김부식의 둘째 아들인 김돈중의 우발적인 행동으로 인해 빚어졌다.

무신인 정중부는 실력을 인정받아 초급 장교인 견룡대정에 올랐다. 그런데 섣달그믐 축제가 있었던 날, 내시였던 김돈중이 술에 취해 정중부의 수염을 촛불로 태웠다. 그 사건은 무관들에게 큰 충격이 아닐 수 없었다.

"문관의 힘이 제아무리 높다한들 칼 앞에서는 파리 목숨에 불과하다. 언젠가는 개만도 못한 김돈중을 없애고 말겠다!"

"비록 과거에 급제했다고는 하나 지 애비 덕에 일찌감치 내시 직에 앉았을 뿐인데, 저 자식이 뭘 믿고 저렇게 기고만장하는지 두고 볼 것이다!"

무신들의 분노는 이루 말할 수 없이 컸다. 그런데 화가 난 정중부가 그 자리에서 김돈중을 흠씬 두들겨 패서 요절내고 말았다.

"내 수염을 태웠다는 것은 나를 낳아주고 길러주신 우리 부모님을 능멸한 것이나 다를 바 없다. 네 놈을 죽이고 나 또한 죽으면 그만이다!"

그런데 김부식이 크게 분노하여 인종에게 정중부를 매질할 것을 요청했다.

"술자리에서 싸운 일을 가지고 어떻게 매질까지 하라는 말이오?"

인종은 어떻게든 그 사건을 무마시키려고 했다. 하지만 김부식은 물러서지 않았다.

"섣달 그믐날의 축제를 어지럽힌 죄도 크거니와 경사스러운 날 무관이 부린 행패를 그냥 넘긴다면 이후로 많은 무관들이 행패를 일삼을 것입니다!"

"알겠소. 정중부를 엄히 다스리도록 하겠소. 정중부를 매질하여 엄히 다스릴 것이니 노여움을 푸시오."

인종은 마지못해 그렇게 대답했다. 하지만 그 사이에 정중부를 몰래 도망시켰다.

정중부는 인종 덕분에 벌을 면했지만, 언젠가는 반드시 김돈중을 없애고 말겠다고 다짐했다.

 "김돈중, 이놈! 반드시 내 칼로 네 목을 치고 말겠다!"

 인종의 뒤를 이어 의종이 왕위에 오르자, 정중부는 장교 계급인 교위가 되어 왕궁을 드나들었다.

 "정중부가 폐하의 신임을 등에 업고 궁궐의 북문을 통해 왕궁을 제집 드나들 듯이 하고 있으니 이를 막아야 합니다!"

 "정중부는 항상 칼을 차고 있는 무신입니다. 성격도 불같아서 언제 칼을 빼 들지 모르는 자인데 마음대로 궁궐 문을 드나들고 있으니 반드시 처벌해야 마땅합니다!"

 어사대에서 정중부의 처벌을 요구했지만, 정중부를 굳게 신임하던 의종은 그 주장을 받아들이지 않았다.

 그런데 어느 날, 뜻하지 않은 사건이 생겼다. 1167년, 연등회 도중에 우승선으로 있던 김돈중의 말이 기마병의 화살 통을 들이박은 사건이 있었다. 그런데 공교롭게도 그

란저우의 백탑산에서 본 황하
원나라 무렵에 티베트 싸자파의 한 라마가 칭기즈 칸을 알현하기 위해 몽골로 가던 중 란저우를 지나가다 병사하고 말았는데, 사람들이 그를 기념하기 위해 산 정상에 백색의 탑을 세웠다고 하는데서 지금의 명칭이 유래하였다.

화살이 보련(왕의 가마) 옆에 떨어졌고, 의종은 자객이 자신을 죽이려 한 줄 알고 황급히 궁성으로 돌아와 계엄령을 내렸다.

"범인을 잡는 자에게는 은 2백 근을 주고 신분에 상관없이 본인의 소원만큼 벼슬을 내리겠다!"

의종은 그런 방을 써 붙이고도 마음이 안 놓이자 다시 황금 15근과 은병 2백 개를 더 내걸었다.

그러자 조신들은 별다른 증거도 없이 죄 없는 사람을 마구잡이로 잡아들였다. 유배 중이던 대령후 왕경(의종의 동생)의 하인 나언 등의 소행이라고 누명을 씌워 가혹하게 고문하여 거짓 자백을 받아내기도 했다. 그 일로 나언 등 대령후의 하인들은 참형을 당하고, 호위병들은 근무 태만의 죄를 물어 14명이 귀양 길에 올랐다.

"김돈중, 이 자식을 언젠가는 죽이고 말 것이다! 그놈이 한 짓이라는 것을 아는 사람은 다 아는데, 시치미를 뚝 떼고 있다니. 무고한 사람을 저렇게 죽이면서도 양심의 가책을 안 느끼는 놈은 살 가치도 없다!"

김돈중을 비롯한 문신에 대한 무신들의 불만은 날이 갈수록 심해졌다.

그 무렵에 의종은 문신들과 함께 어울리며 향락적인 생활에 젖어 지냈다. 하루가 멀다 하고 연회를 베풀고, 사흘이 멀다 하고 호위병을 거느리고 궁궐 밖으로 행차하고는 했다.

 의종의 잦은 미행은 호위병들을 그만큼 더 힘들게 했다. 호위병들은 언제나 주변이나 경계하는 하수인 취급을 받으며 내관이나 문사들의 잔심부름까지 도맡아야 했고, 심지어는 왕이 밤새 주연을 베풀 때면 끼니조차 얻어먹지 못하는 일이 허다했다.

 "연회가 며칠 동안 밤낮없이 계속되고 있으니 피곤해서 견딜 수가 없다!"

 "왕의 호위 병사들은 밥도 제대로 먹지 못한 채 더위나 추위를 견뎌내며 경비를 서야 하다니!"

 "문신들은 놀고 마시느라 흥청거리는데 무신들은 인간 대접도 못 받고 생고생을 해야 된단 말인가!"

 의종의 향락 생활은 몇 년 동안 계속되었고, 금군(고려 시대에 왕궁을 수비하고 왕을 호위 경비하던 왕 직속의 군대)의 불만은 점차 고조되었다.

 "반드시 거사를 도모하여 문관들을 싹 쓸어버리고 말겠

다!"

 마침내 무관들은 문관을 없앨 기회를 엿보았다. 그러다 1170년 8월 29일, 의종은 화평재로 나가 연회를 베풀고 문관들과 어울려 놀았다. 그날도 호위 군사들은 더위에 시달리며 밥도 제대로 못 먹은 채 경비를 서고 있었다.

 술에 취한 좌승선 임종식, 한뢰, 이복기 등의 문인들은 무관들에게 무례하게 굴며 거들먹거렸다. 그런데 그 중에는 정중부의 수염을 태우고, 무고한 사람에게 누명을 씌워 죽게 한 김돈중도 있었다.

 "오늘이 기회로다. 김돈중 저 자식을 오늘은 꼭 없애고 말겠다!"

 정중부는 흥청망청 놀고 있는 김돈중을 보자 울화가 치밀었다. 그 때 이고가 다가와 정중부를 부추겼다.

 "문관들은 배불리 먹으면서 의기양양 춤추며 놀고 우리 무관들은 굶주림에 지쳐 있는데, 이래도 참으시겠습니까?"

그 말에 정중부는 마침내 뜻을 굳히고 이의방과 이고에게 말했다.

"오늘이 기회다. 하지만 왕을 다치게 해서는 안 된다. 왕이 여기를 떠나 환궁하면 아직 참고 기다릴 것이고, 만일 보현원으로 옮겨 간다면 이 기회를 놓치지 말아야 한다."

그런데 의종은 환궁하지 않고 보현원으로 가서 다시 연회를 계속하겠다고 했다. 그리고 술에 취한 의종은 좌우를 돌아보며 크게 말했다.

"이곳은 군병을 연습시킬 만하도다!"

인종은 문신들에게 오병수박희(전군의 힘센 장사들이 손을 서로 부딪치며 승부를 내던 놀이나 대회)를 하게 했다. 의종은 사기가 떨어진 무관들을 위로하려고 수박희 시합을 열었던 것이다. 그런데 시합 도중에 문관 한뢰가 대장군 이소응의 뺨을 후려쳤다. 그 바람에 이소응은 섬돌 아래로 떨어져 처박혔고, 왕과 문신들은 손뼉을 치며 이소응을 비웃었다.

보다 못한 정중부가 앞으로 나섰다.

"이놈, 한뢰! 이소응이 비록 무관이나 벼슬이 3품인데 어째서 네 놈 따위가 모욕을 주느냐!"

사태가 심각해지자 의종이 나서서 정중부를 달랬다.

이고가 칼을 빼고 정중부에게 눈짓을 보냈다. 하지만 정중부는 이고를 말렸다.

그 자리에서 사태는 더 심각해지지 않았지만 저녁 무렵에 이의방과 이고는 임종식과 이복기 등을 죽이고 난을 일으키기로 했다.

"우리는 오른쪽 어깨를 벗고서 머리에 쓴 복두를 버리는 것으로 표시를 하고, 그러지 않는 자는 죽이도록 한다!"

마침내 의종의 어가가 보현원에 가까이 갔을 때 이고와 이의방이 순검군을 집합시켰다.

"왕의 유지다. 순검군은 모두 한자리에 모여라!"

그리고 의종이 막 문에 들어가고, 여러 신하가 물러나려 할 즈음에 이고, 이의방 등이 임종식과 이복기를 문 앞에서 목을 쳤다. 순식간에 벌어진 일이었고, 연회장은 아수라장이 되었다.

"으악! 반란이다!"

한뢰는 환관들의 도움을 받으며 급히 의종 앞으로 달려갔다. 그리고 의종의 옷을 붙잡고 살려 달라고 애원했다.

"제발 살려 주십시오! 저자들에게 명하여 칼을 멈추게 하십시오!"

놀란 의종은 환관 왕광취에게 이의방과 이고를 저지하게 했다.

"한뢰를 살려 주라고! 어림없는 소리다! 그 놈을 반드시 없애겠다! 그 동안 우리 무신들을 깔본 놈들은 무덤까지 쫓아가서도 내 칼로 처치하겠다!"

정중부는 배윤재를 의종에게 보내 한뢰를 내줄 것을 요구했다. 하지만 한뢰가 의종의 옷을 잡고 떨어지지 않자, 칼로 위협했다.

"네 놈 때문에 폐하까지 다치게 할 작정이냐? 네 놈이

오논 강
몽골과 러시아를 흐르는 강. 상류 지역은 칭기즈 칸이 태어나 자란 곳으로 알려져 있다.

순순히 폐하의 옷을 놓고 내 칼을 받는 것이 옳지 않겠느냐?"

결국 한뢰는 의종의 옷을 놓고 밖으로 나왔다.

"이 날을 기다렸다!"

한뢰가 밖으로 나오자, 이고는 칼을 들어 힘껏 한뢰의 목을 쳤다.

"무슨 짓들이오! 여기가 어느 안전이라고 칼을 빼 들고 설친단 말이오? 왕 앞에서 칼을 빼 드는 것은 반역이오!"

그 자리에 있던 문관들이 꾸짖자, 화가 난 이고 등은 환관, 내시, 그리고 주변의 문관을 모조리 살육했다.

"김돈중 그놈이 안 보인다! 그놈은 반드시 내 칼로 응징하겠다!"

정중부는 김돈중을 찾게 했다. 하지만 김돈중은 반란을 눈치 채고는 재빨리 몸을 피했다.

"김돈중 그놈이 환궁하여 태자를 받들어 성문을 걸어 닫고 우리를 반란 두목으로 몰면 낭패다! 그놈을 찾아라!"

정중부는 수하를 시켜 김돈중을 찾게 했지만, 김돈중은 이미 감악산으로 몸을 숨긴 뒤였다.

정중부는 군사를 이끌고 대궐로 달려가 별간 김수장을 죽이고 수십 명의 궁궐 관원들을 척결했다.

"문관의 관을 쓴 놈이면 한낱 서리라도 살려주지 말고 모조리 죽여라!"

무관들은 궁궐을 휩쓸고 다니며 50여 명의 문관을 살해했다. 무신 중에서도 복두를 버리지 않는 자는 모조리 피살되었다.

『고려사절요』에는 그 날의 처참한 광경을 이렇게 기록해 놓았다.
 '호종하던 문신과 대소 신료, 환관들 모두가 죽음을 당했는데, 시체가 산처럼 쌓였다.'

겁에 질린 의종이 정중부를 붙들고 사정했다.
"난동을 종식시킬 계책은 없는가?"
의종이 물었지만 정중부는 '네, 네' 하면서 대답을 피하기만 했다.
"왕과 태자를 각각 군기감과 영은관에 유폐시키도록 한다!"
정중부는 의종과 태자를 군기감과 영은관으로 유폐했다가 다시 거제현과 진도현으로 추방했다.

그 일을 『고려사절요』에는 이렇게 기록해 놓았다.

'을묘일에 왕을 거제현으로 추방하고, 태자를 진도현으로 추방하였으며, 태손을 죽였다. 왕의 애희 무비는 청교역으로 도망하여 숨었는데, 정중부 등이 죽이려 하니 태후가 간청하여 죽음을 면하고 왕을 따라갔다.'

허수아비로 전락한 고려의 왕

"의종의 아우 익양공 호를 왕으로 세운다!"

정권을 장악한 정중부는 익양공 호를 고려 제19대 왕으로 세웠다. 그가 곧 명종이다.

그런데 그 때까지 김돈중의 행방이 묘연했다.

정중부는 현상금을 걸고 김돈중을 찾게 했다. 그 무렵에 감악산에 숨어 있던 김돈중은 집안의 안위가 걱정되었다.

"급히 집으로 가서 집 안부를 알아보도록 해라."

김돈중은 데리고 있던 하인을 서울로 보냈다.

"오랫동안 상전으로 모셨지만 언젠가는 죽을 목숨 아닌가. 그렇다면 내가 현상금이라도 챙겨야 되겠구나."

하인은 현상금을 탐내어 김돈중의 거처를 신고했다. 결

강희제
중국 청나라의 제4대 황제. 중국 역대 황제 중 재위 기간이 가장 길다. 삼번의 난을 평정한 뒤에 중국의 영토를 크게 확장하였다.

국 김돈중은 냇가 모래사장에서 붙잡히고 말았다.

"나는 한뢰, 이복기와 동조하지 않았지만 다만 유시의 사건(김돈중이 왕을 호종하다가 자기가 탄 말이 뛰어서 기병이 차고 있던 전통에서 화살이 빠져나와 왕의 옆에 떨어졌던 사건)으로 인하여 죄 없는 사람에게 화를 미치게 하였으니 내게 오늘날이 온 것은 당연한 일이다."

김돈중은 그 말을 끝으로 살해되었다.

병부시랑 조동희는 왕업을 연장할 터를 살펴보기 위해 서해도로 갔다가 변란 소식을 들었다.

"동계로 가서 군사를 이끌고 개경으로 들어가 난을 진압해야 되겠구나."

조동희는 서둘러 동계로 향했다. 그런데 철령에 이르렀을 때 사나운 호랑이가 길을 막았다. 호랑이를 피하지 못하고 주춤거리고 있을 때, 기마병이 쫓아와 조동희를 체포했다. 결국 조동희도 결국 죽음을 당하고 말았다.

다소 우발적으로 일어난 정중부의 난으로 문신 귀족들이 대거 참살당했다. 정권을 잡은 무신들은 왕까지 교체하면서 무신의 시대를 열었다. 무신 시대가 열리면서 고려는 새로운 변혁기로 접어들 수밖에 없었다. 무신 시대는 정중부, 경대승, 이의민, 최충헌 일가로 이어져 명종 대에서 고종 대까지 1백 년이나 지속되었다.

정중부의 반란으로 의종이 물러나고, 명종이 즉위했지만 고려는 완전히 무신 정권 시대로 접어들고 있었다. 명종은 허수아비 왕에 불과했다.

"모든 권력은 난을 일으킨 무신들이 쥐고 있고, 왕은 무신의 권력 싸움의 틈바구니에 끼여 간신히 목숨을 부지하고 있을 뿐이로구나."

명종은 무신들 눈치 보기에 급급했다.

"정중부, 이고, 이의방 등을 벽상공신으로 삼고, 그들의 화상을 그려 전각에 붙이도록 한다!"

"모든 정사는 정중부, 이고, 이의방의 벽상공신들과 의논하여 결정하도록 한다!"

명종은 모든 권한을 무신들에게 일임했고, 정권을 장악한 무신들은 권력을 농단하면서 차츰 세력을 키워갔다.

"조정의 모든 권세를 독점하려면 내 세력을 길러야 한다!"

무신들은 서로 힘겨루기에 혈안이 되었다.

특히 이고는 정중부와 이의방에 비해 자신이 홀대를 받는다고 여겼다.

"누가 감히 내 앞을 막는단 말인가? 정중부가 되건, 이의방이 되건 내 앞을 가로막는 놈은 절대 용서하지 않겠다!"

이고는 먼저 이의방을 치려고 했다. 하지만 사전에 비밀이 탄로 나서 채원과 이의방에게 살해당했다.

그런데 이고를 없애는데 앞장섰던 채원이 다시 이의방을 없애려고 했다.

"채원 이놈! 네가 내 뒤통수를 치겠다고!"

채원의 음모를 눈치 챈 이의방은 곧바로 채원 무리를 없애버렸다. 그 뒤로 고려의 권력은 모두 이의방이 장악하게 되었다.

"이의방이야말로 호랑이 새끼였구나. 함께 거사를 꾸몄거늘 이제 이의방 그자가 모든 권세를 다 누리고 있질 않은가. 내가 이빨 빠진 호랑이로 전락할 수는 없다!"

티베트 고원
티베트 고원은 동아시아에 위치한 넓고 높은 고원이다. '세계의 지붕'으로 불릴 만큼 세계에서 가장 높고 크며 면적은 약 250만 평방 km나 된다.

이의방이 모든 권력을 장악하게 되자, 상대적으로 정중부는 이의방의 권력을 두려워하는 처지로 전락하고 말았다. 그런데 1173년 8월에 동북면 병마사 간의대부 김보당이 군사를 일으켰다.

"정중부와 이의방을 토벌하고 폐위된 전왕(의종)을 복위시켜야 한다!"

김보당이 군사를 일으키자 지병마사 한언국도 호응하여 녹사 장순석을 거제도로 보내 그곳으로 유배되어 있던 의종을 데려왔다.

"반란군을 생포하라! 반항하는 자는 한 놈도 살려두지 마라!"

정중부와 이의방이 이끄는 정부군은 김보당과 한언국을 어렵지 않게 생포했다. 그리고 저잣거리에서 사형시켜 버렸다.

"전왕을 죽일 생각까지는 없었다. 하지만 이 사건으로 죽음을 자초하였으니 후환을 없애기 위해서라도 전왕을 죽이겠다!"

정중부는 이의민을 불러 의종을 없애라고 했다.

이의민은 의종을 곤원사의 북쪽 연못으로 끌고 가, 그 곳에서 술을 두어 잔 마시게 했다. 그리고 맨손으로 의종의 척주를 꺾었다. 의종은 비명도 지르지 못한 채 그 자리에서 숨을 거두고 말았다.

이의민의 손이 의종의 등뼈에 닿자 뚝뚝 하며 뼈 부러지는 소리가 났고, 이의민은 그 소리를 들으며 껄껄 웃었다고 한다.

이의민은 의종의 시체를 이불에 말아서 가마솥 두 개 사이에 끼운 채로 연못에 버리게 했다. 그러자 한 승려가 물로 들어가 솥만 건져가고, 의종의 시체는 오랫동안 곤원사의 연못에 둥둥 떠 있었다. 그러다 의민이 개경으로 돌아가자, 경주의 부호장 필인이 의종의 시체를 건져서 무덤을 만들었다.

이의민은 의종을 죽인 공로로 대장군 자리에 올랐다.

"김보당의 반란 책임을 물어 남아 있는 문신을 대거 참살한다! 그리고 내 딸을 태자비로 삼겠다!"

의종을 죽인 뒤에 이의방은 세력을 더 확대하기 위해 자신의 딸을 태자비로 삼기까지 했다. 그러자 조야에서는 이의방을 비방하는 소리가 높아갔다.

"정중부, 이의방이 조정을 제멋대로 뒤흔들고 있으니 당장 없애야 합니다!"

"왕은 있으나마나한 허수아비가 되고 말았다. 더 늦기 전에 왕권을 확립해서 나라의 기강을 바로잡아야 한다!"

결국 서경 유수 조위총이 정중부과 이의방을 제거하기 위해 군사를 일으켰다. 조위총이 군사를 일으키자 수많은 백성이 호응하여 서경군을 장악했다.

그러나 정중부는 그 기회를 놓치지 않았다. 이의방이 조위총과 격전을 벌이는 동안 정중부의 아들인 정균이 승려 종감과 힘을 합쳐 이의방을 살해해 버렸다. 그리고 반란을 일으킨 조위총을 붙잡아 살해했다.

조위총 난을 진압하는 데 큰 공을 세운 사람은 최충헌이었다. 최충헌은 조위총 난이 끝난 뒤에 별초 도령에 임명되었다. 그리고 이어 섭장군이 되었다.

"이제야 내 세상이 되었구나!"

정중부는 가까스로 이의방 세력을 축출하는데 성공했지만 이미 고려 전체는 질서가 무너지고, 민심이 흉흉해져 한 치 앞도 내다볼 수 없을 지경이었다. 수년 동안 도처에서 반란이 끊이지 않고, 정중부를 위시한 그의 측근 세력은 권력을 남용하여 재산을 축적하고 서슴없이 불법을 자행했다.

"못살겠다!"

"정중부 일당을 없애야 한다!"

"정중부 일당이 이 나라를 집어삼키고 백성의 재산을 수탈하고 있는데 왜 아무도 나서지 않는가?"

정중부 세력의 폭정으로 민심이 들끓자, 권력 찬탈의 기회를 엿보던 경대승이 군사를 일으켰다.

"민심은 천심이다. 이미 백성은 정중부를 버렸고, 하늘 또한 정중부 세력을 버렸다. 이 기회를 놓치지 말고 정중부 세력을 없애고 왕권을 되찾아야 한다."

경대승은 허승 등과 모의하여 1179년 9월에 정중부와 그의 아들 정균을 살해했다.

"정중부의 측근을 모조리 없애라! 남녀노소를 불문하고 정중부와 연관된 자는 없애야 한다!"

또 한바탕 피비린내가 나라를 휩쓸고, 경대승의 권력 독점은 4년 동안 지속되었다. 경대승은 이의민을 몹시 싫어

했다. 정중부를 처단하고 조정 관원들이 축하연을 열 때, 경대승이 크게 외쳤다.

"국왕을 살해한 놈이 아직 살아 있는데 무슨 축하인가?"

경대승은 노골적으로 이의민을 경멸했다. 그 말은 즉시 이의민의 귀에 들어갔다.

"개경에 머물러 있다가는 목숨이 열이라도 부지하기 어렵겠구나."

경대승이 두려워진 이의민은 부하들로 하여금 철저하게 자신의 집을 지키게 했다. 그러다가 변경에 나가 있겠다고 자청하고 경주로 내려갔다.

그러나 경대승의 세월은 길지 못했다.

경대승은 어느 날, 정중부의 귀신을 보고 놀라 그 자리에서 숨을 거두고 말았다.

"지금 경주에는 이의민이 있다. 이의민은 경대승이 죽었으니 권력을 장악하기 위해 다시 반란을 일으킬지 모른다. 이의민을 불러들여 반란을 못하게 막아야 한다."

명종은 이의민을 크게 두려워하면서도 개경으로 불러들이려고 했다.

"폐하, 지금이야말로 무신 세력을 척결하고 왕권을 강화할 수 있는 하늘이 준 기회입니다. 제발 이의민을 개경으로 불러들이지 마시고 서둘러 왕권을 회복하십시오!"

"이의민도 정중부, 이의방, 경대승과 조금도 다를 바 없습니다. 개경으로 불러들이면 반드시 권력을 움켜쥐고 조정을 함부로 뒤흔들 것입니다!"

뜻있는 대신들은 명종이 이의민을 불러들이지 말고 왕권을 회복하기를 바랐지만 겁이 많은 명종은 그 말을 듣지 않았다.

"이의민을 그냥 두면 반드시 반란을 일으킬 것이고, 그 반란이 성공하면 나는 물론이고 조정에 또 한 번 피비린내 나는 살육전이 벌어질 것이다."

명종은 축출을 몹시 두려워하며 이의민에게 상경을 독촉했다. 하지만 이의민은 여유를 부리며 명종의 부름에 응하지 않았다. 이의민이 그렇게 여유를 부린 데는 이유가 있었다.

"왕이 나를 간절하게 불러들이려고 하는 까닭은 내가 반란

낙안읍성 민속 마을
전라남도 순천시 낙안면 남대리 낙안읍성 일대에 있는 민속 마을. 옛 모습 그대로를 지키고 있는 전통 마을로 108세대가 그곳에서 생활하고 있다. 남부 지방 특유의 주거 양식을 볼 수 있으며 부엌, 토방, 툇마루 등이 원형대로 보존되어 있다.

을 일으킬지 모른다고 생각하기 때문이다. 하지만 그 미끼를 덥석 물어봤자 아무 도움이 되지 않는다. 어차피 힘 있는 무신들은 거의 죽고 없다. 그렇다면 이제 내 세상이 돌아왔는데 송사리만도 못한 미끼에 걸려들 수야 없질 않은가."

이의민은 끝까지 왕의 말을 듣지 않았고, 명종은 급기야 이의민에게 병부상서 벼슬을 내리고 상경을 간곡히 부탁했다.

"왕이 병부상서 벼슬을 내리고 내 상경을 이토록 간절히 원하고 있으니 더 지체하는 것도 신하의 도리가 아니지."

이의민은 그때서야 못이기는 척 상경해서 명종이 내린 벼슬을 받았다.

"가까스로 되찾을 수 있는 왕권 회복을 소심하기 짝이 없는 왕이 망치고 말았구나."

"어찌하여 왕은 자신의 안녕만을 위해서 백성의 원망을 귀담아듣지 않는단 말인가."

사람들은 명종의 유약함에 크게 개탄했다.

고려는 다시 이의민의 세력이 장악하게 되었다. 이의민도 정권을 장악한 뒤에 부정부패를 일삼았고, 그의 자식들마저 뇌물을 받고 재산을 증식하는 바람에 백성의 원성이 드높았다.

이의민의 권력은 13년 동안 지속되었다. 세력을 굳힌 이의민은 왕의 자리까지 노렸다.

"이자겸은 '십팔자(十八子는 이[李]씨를 가리킨다)가 왕이 될 것이라고 했다. 그 무렵에는 때가 아니어서 이씨가 왕의 자리에 못 올랐지만, 이제는 이씨인 내가 왕위에 오른다 해도 누가 막는단 말인가."

이의민은 자신이 경주 사람임을 내세워 신라를 재건하고 자신이 왕이 되겠다고 공언했다. 하지만 1196년 4월, 최충헌 형제에게 비둘기 한 마리 때문에 살해됨으로써 이의민의 세상도 종지부를 찍었다.

『고려사절요』에는 그 일을 이렇게 기록해 놓았다.
'이의민의 아들인 장군 이지영이 최충수네 집의 비둘기를 빼앗았는데, 최충수가 돌려주기를 청하면서 말을 매우 사납고 거칠게 하였다. 이지영이 노하여 최충수를 결박하라 명하였는데, 최충수가 "누가 감히 나를 결박할 수 있단 말이오? 나를 결박할 것이면 장군이 직접 하시오!" 하고, 기세 좋게 항변하니 장군 이지영이 최충수를 장하게 여겨서 놓아주었다. 최충수가 곧 자신의 형 최충헌에게 가서 고하였다.

"이의민과 그의 네 아들은 실로 이 나라의 도적입니다. 내가 놈들의 목을 베고자 하는데, 형님 생각은 어떻습니까?"

최충헌은 그 일을 어렵게 생각했다. 그런데 최충수가 "내 뜻은 이미 결정되었으니 여기에서 포기할 수는 없습니다!" 하고 말함으로 결국 최충헌도 역시 그렇게 여겼다.'

결국 최충헌의 정변은 비둘기 한 마리 때문에 일어났다는 것이 된다. 하지만 학자들은 이의민의 몰락과 최충헌의 정권 성립을 비둘기 한 마리 때문에 빚어졌다고 한 것은 명분에 불과하다고 보고 있다. 26년 동안 정권을 장악하고 있던 무신들은 무신 정권을 안정시킬 필요를 느꼈을 것이고, 역할을 충실히 소화해낼 수 있는 능력을 갖춘 사람을 찾아야 했다는 것이다. 그리고 그 적임자가 바로 최충헌이었다고 보고 있다. 최충헌은 이의민이나 이의방과 달리 상대적으로 좋은 가문 출신이었기 때문에 무신 정권을 안정적으로 이어 갈 인물로 꼽혔을 것으로 짐작하고 있다.

최충헌의 묘지에는 이런 글이 쓰여 있다.

'그는 성품이 뛰어나고 도량이 넓었으나 여러 해 동안 막혀서 뜻을 얻지 못하니 많은 사람들이 이를 안타깝게 여겼다.'

묘지명에 그런 글이 쓰여 있는 것으로 보아 이의민의 정권에 대해 많은 사람이 불만을 품고 있었던 것으로 짐작된다. 천하고 보잘 것 없는 가문 출신의 이의민이 정권을 주도하자 좋은 가문 출신 무신들이 불만이 폭발하면서 이의민 타도가 시작되었을 것으로 보고 있다.

천하를 움켜 쥔 최충헌 세력

최충헌과 최충수가 정권을 장악한 뒤에도 고려는 달라진 것이 없었다. 최충헌 형제의 권력 독식은 고려 사회를 극도로 부패시켰고, 백성은 권력층의 횡포와 굶주림에 더욱 더 시달릴 수밖에 없었다. 그런 데다 명종 대부터 시작된 민란으로 고려 땅 전체는 거의 전쟁터를 방불했다.

그런 혼란 속에서도 최충수는 자신의 딸을 태자비로 앉힐 야망을 품었다. 그 소식을 들은 최충헌은 최충수를 찾아가 크게 꾸짖었다.

"지금은 우리 형제에게 일국의 세력이 집중되어 있지만 우리는 가난하고 지체가 변변하지 못한 가문에 불과하다. 만약 딸을 태자비로 삼게 한다면 세상의 비난을 면할 길이 없다. 그런 데다 태자와 태자비는 부부가 된 지 이미 오래되어 정이 깊은데 네 욕심을 채우기 위해 부부의 정까지 떼어놓는다니 인정상 가능한 일인가? 옛사람의 말에 앞 수레가 전복되면 뒷 수레가 경계한다고 했으니 이의방이 자신의 딸을 태자비로 삼고 나서 끝내 남의 손에 죽지 않았는가. 그런데 어찌하여 자네는 그 전철을 다시 밟으려 하는가? 아직은 때가 이르다. 자네 생각대로 하려면 3,4대는 지나야 가능한 일이다."

최충헌이 크게 나무라자, 최충수는 그 자리에서 뜻을 꺾었다.

최충헌이 최충수를 막았던 것은 무력을 동원해서 단숨에 권력을 거머쥘 수는 있어도 그 집안이 문벌의 반열에 들려면 적어도 3~4대는 지나야 가능하다는 것을 잘 알기 때문이었을 것이다.

고려는 문벌 사회였다. 여러 귀족 가문들이 누대에 걸쳐서

장승
장승은 마을 또는 절 입구 등에 세운 사람의 얼굴 모양을 새긴 기둥이다. 이정표 또는 마을의 수호신 구실을 한다.

서로 혼인 관계를 맺어가면서 문벌을 형성해 왔다. 왕실과의 혼인은 언제나 고려의 최상층 문벌 가문과 이뤄져 왔다. 어느 세력이 정권을 장악했다고 해도 왕실과의 혼인만은 쉽게 할 수 없었던 것은 수십 년 넘게, 혹은 백 년 넘게 계속되었던 문벌 집단 내에서 집단적으로 반발할 가능성이 짙기 때문이었다.

하지만 최충수는 이내 생각을 바꾸어 딸을 태자비로 밀어 넣으려는 계획을 추진했다.

"충수의 딸이 입궁하지 못하도록 사방을 막아라!"

최충헌은 수하들을 시켜 최충수 집 주변을 샅샅이 감시하게 했다. 그러자 최충수는 크게 화를 냈다.

"제아무리 피를 나눈 형제라지만 자식의 혼례 문제까지 막을 수는 없는 일이다. 형이 보낸 수하들을 한 명도 남김없이 없애 버리겠다!"

최충수는 최충헌의 수하들을 모두 없애겠다고 공언했다.

『고려사』에는 '최충수가 자신의 무리에게 무력 대항을 지시했다는 소식을 전해 들은 최충헌은 울면서 그 대책을 논의했다' 고 적고 있다.

최충수의 무력 대항을 전해들은 최충헌은 박진재*와 힘을 합쳐 최충수를 치기로 했다. 개경은 하루아침에 최씨

> 박진재는 최충헌의 생질이다. 최충헌의 아우 충수와 함께 쿠데타를 일으켜 이의민과 그의 삼족을 멸하여, 충헌이 권력을 잡는 데 결정적인 역할을 하였다. 또한 충수가 딸을 태자비로 세우려 하다가 충헌과 충돌하자, 충헌을 도와 충수를 죽였다. 1207년 대장군이 되어 문객이 많아지자, 최충헌을 몰아내고 국권을 잡으려고 음모를 꾸미다가 발각되었다. 각근(발뒤꿈치를 전문적으로 이르는 말)을 끊기고 백령도에 귀양 갔다가, 곧 병사하였다.

형제의 피비린내 나는 싸움터로 변했다. 결국 최충수는 최충헌의 수하들에게 살해되고 말았다.

이의민 세력을 제거하는 데 앞장섰던 인물은 최충헌이 아니라, 최충수였다. 그런데 이의민을 제거한 뒤, 정작 정권을 장악한 사람은 최충헌이었다. 그리고 지위도 최충헌이 더 높았다. 그런 이유로 최충수는 최충헌의 세력을 능가하기 위해 자신의 딸을 세자비로 앉히려 했을 것으로 보고 있다.

그런데 형제간의 싸움은 전혀 엉뚱한 곳에서 또 한 차례의 반란을 불러 일으켰다. 최충헌의 종인 만적이 친구들을 긁어모아 난을 도모하고 나선 것이다.

"이 땅에는 경인년(정중부의 난) 이래 고관대작이 천민 노예에서 많이 나오고 있다. 대장이나 정승이 본래 종자가 따로 있다더냐? 시기만 만나면 누구든지 고위 관리가 될 수 있다. 우리들도 어찌 채찍 아래에서 뼈 빠지게 천한 일만 할 수 있겠는가?"

 만적은 개성의 노비를 한꺼번에 모으면 반드시 난을 성공시킬 수 있다고 판단했다.

 "지금은 노비들이 봉기하여 고위 관리를 차지할 때다!"

 만적은 친구들과 치밀하게 작전을 짰다.

 "황지(黃紙) 수천 장을 '丁(정)' 자 모양으로 오려 표지를 만들어 붙이고, 날짜를 정하여 흥국사 뜰에 모여, 관노들의 호응을 받기로 한다. 그리하여 관노들은 조정의 청사 내에서 권신들을 죽이고, 사노들은 개경 성내에서 내 상전인 최충헌을 먼저 죽인 후, 여러분을 혹사시켜 온 자기 주인들을 모조리 쳐 죽이고, 천인의 문적인 종문서를 불살라 버리면 우리는 어떤 고관대작이라도 될 수 있습니다!"

 만적은 날짜를 정하고 흥국사에 모여서 거사를 치르기로 했다. 그런데 막상 거사일이 되었지만 약속 장소에 모인 노비 숫자는 불과 수백 명밖에 되지 않았다.

 "거사를 다음으로 미룬다! 다음에 보제사에 집결하여 조직적으로 난을 일으키도록 한다!"

만적은 노비의 숫자가 적음을 염려하여 거사일을 뒤로 미루었다. 그런데 율학박사 한충유의 종 순정이 그 사실을 한충유에게 밀고해 버렸다.

"뭐라고? 이제 노비들까지 난을 일으키려고 한단 말이냐? 천한 것들이 난을 일으켜서 무사할 것 같으냐!"

결국 만적을 비롯한 노비들은 순정의 밀고로 체포되고 말았고, 백여 명이 강물에 던져져 죽음을 당했다.

『고려사절요』에는 그 일을 이렇게 기록해 놓았다.

'사동·만적·미조이·연복·성복·소삼·효상 등 6명이 북산에서 나무하다가 공·사의 노예를 불러모아 모의하기를 "국가에서 경인·계사년 이후로 높은 벼슬이 천한 노예에게서 많이 나왔으니 장수와 정승이 어찌 종자가 있으랴. 시기가 오면 누구나 할 수 있는 것이다. 우리들은 어찌 육체를 노고하면서 채찍 밑에 곤욕을 당할 수 있느냐?"라고 하니 여러 종들이 모두 그렇게 여겼다. 이제 누른 빛깔의 종이 수천 장을 오려서 '정(丁)' 자를 만들어 표지로 삼고 약속하기를 "갑인일에 흥국사에 모여 일제히 북을 치고 소리치면서 국정으로 몰려가서 난을 일으켜 안과 밖에서 서로 호응하여 최충헌 등을 먼저 죽이고는 천인의 문적(종 문서)을 불살라 버리면 공경·장상이 모두 될 수 있을 것이다."라고 하였다.

약속한 기일에 모두 모였으나 수백 명도 되지 않으므로 일이 성공되지 못할까 염려하여 다시 무오일에 보제사에 모이기로 약속하고 영을 내리기를 "거사가 치밀하지 못하면 성공하지 못하니 절대로 누설하지 말라." 하였다.

율학박사 한충유의 종 순정이 한충유에게 고변하니 한충유가 최충헌에게 알렸다.

드디어 만적 등 1백여 명을 잡아 강물에 던져 죽이고 한충유를 합문지후에 임명하였으며, 순정에게 백금 80냥을 내려주고 면천시켜 양민이 되게 하였다.

그 나머지 무리들은 모두 목 벨 수 없으므로 명하여 놓아두고 그 죄를 묻지 않았다.'

고려 중기에 일어난 무신의 난은 당시의 신분 계급에 큰 변동을 일으켜 하극상의 풍조가 유행하였다.

그리하여 중앙과 지방, 상층 계급과 하층 계급 사이에 충돌이 일어나 결국은 농민과 노예에 의한 반란까지 유발시켰는데, 그 중에서도 가장 대규모적이고 목적이 뚜렷하였던 것이 만적의 난으로 보고 있다. 만적의 난은 단순히 불만 표출 수준에 머물지 않고 권력의 핵심인 최충헌을 죽이고 실제로 정권을 탈취하려고 상당히 조직적으로 모의를 진행했다는 점이 다른 민란과 성격이 달랐다. 최충헌의 노비였던 만적이 거사를 일으키려 한 데는 넉넉한 무기 때문이었을 것이다.

최충헌은 이의민을 제거하면서 사병을 앞세웠다. 그 때 만적 같은 노비도 무기를 손에 넣을 수 있었을 것이다.

그러니까 만적은 최충헌이 이의민을 축출하고 정권을 장악한 것을 자세히 보았고, 자신들이 손에 쥐고 있는 병장기를 이용해 난을 일으키려 했을 것으로 보고 있다.

정자
경치가 좋은 곳에 놀거나 쉬기 위하여 지은 집으로 벽이 없이 기둥과 지붕만 있다.

1198년 만적의 난을 시작으로 이듬해에는 명주(강릉)와 경주에서 도둑들이 관청을 습격했다.

또 1200년에는 진주 정방의의 난과 경주 최대의의 난이 일어났다. 또 1202년에는 탐라(제주도)에서 반란이 일어났고, 부석사와 부인사에서는 승려들의 반란이 잇달아 일어났다. 최충헌은 군사를 동원하여 반란을 토벌하기도 하고, 한편으로는 그들에게 적당히 벼슬을 내려 반란을 진압하기도 했다.

"이 모든 반란은 왕이 무능하기 때문이니 당장 바꿔야 한다."

최충헌은 제멋대로 왕을 갈아치웠다. 신종, 희종, 강종, 고종을 세우고 명종과 희종을 왕위에서 쫓아내며 권력을 독점했다.

『고려사절요』에는 최충헌과 그 주변 인물들의 비행과 비리에 대해 자세히 기록되어 있다.

'신종 5년부터 최충헌은 자기 집에 앉아서 시정잡배 출신인 내시 이부원외랑 노관과 더불어 문무 관원들을 임면(任免)하는 문서를 작성하여 왕에게 보고하였는데, 왕은 그저 고개만 끄덕이고 이부와 병부의 신하들도 정당에 앉아서 단지 그 문건을 구경만 할 뿐이었다.

이처럼 최충헌은 전권을 틀어쥐고 독차지하고서 친근한 사람이나 혹은 뇌물을 받아 마음에 드는 자가 있으면 모두 벼슬을 주었다.'

'충주판관 최효기가 최충헌이 총애하는 첩을 통하여 금으로

장식한 허리띠를 뇌물로 바치니 최충헌이 기뻐하며 효기를 불러들여 내시원에 소속시켰다.'

'최충헌이 손님을 초대하고 연회를 베풀었는데, "중방에 소속한 사람들은 지금부터 수박치기를 열어 이기는 사람에게는 높은 벼슬을 상으로 줄 것이다."라고 하였다. 최충헌은 수박치기에서 이긴 사람에게 교위대정의 벼슬을 내려주었다.'

최충헌의 독주는 거기에서 멈추지 않았다. 1207년에는 자신을 도와 최충수 세력을 축출했던 박진재의 세력이 날로 커지자 박진재를 잡아 발뒤꿈치 신경줄을 끊고 백령도로 유배시켜 버렸다.

"세력을 키우는 자가 있으면 내 칼이 용서하지 않겠다!"

박진재까지 사라진 뒤, 이제 고려 땅에서는 최충헌의 칼과 맞설 상대는 남아 있지 않았다. 그렇게 해서 시작된 최씨 무신 정권은 60년 동안 계속 이어졌다.

최충헌은 고려 제22대 강종이 눈을 감자, 강종의 맏아들인 '왕철'을 고려 제23대 왕 고종으로 앉혔다.

고종이 즉위하던 그 무렵에 중국에서는 몽골이 일어나 금나라에 쫓겨 서쪽으로 달아났던 거란을 다시 동쪽으로 내몰았다.

"몽골군을 피해 금나라로 도망쳐라!"

"금나라 변경 지역으로 몰려가라!"

몽골군에 밀린 거란족은 앞 다투어 금나라 변경 지역으로 몰려들었고, 그 탓에 금나라의 변경 지역은 밀려드는 거란족에 의해 크게 위협받기 시작했다.

"고려는 즉시 식량을 보급하도록 하시오!"

"고려는 우리 금나라 군사들을 위해 군량을 지원하도록 하시오!"

금나라에서는 연신 사신을 보내 식량을 지원해 주기를 청했다. 그 일로 고려 조정은 한동안 술렁거렸다.

"금나라는 지금 진퇴양난에 빠져 있지만 아직은 막강한

힘을 보유하고 있는 나라입니다. 쉽사리 무시할 수 없는 일이니 한 번 정도는 식량을 지원해 주는 것이 좋을 것입니다."

"금나라는 한때 막강한 군사력으로 우리 고려까지도 위협했지만 이제는 지는 해에 불과합니다. 지금 몽골은 무서운 기세로 세력을 넓혀 가고 있는데, 만일 금나라에 식량 지원한 것이 문제가 되어 몽골이 트집을 잡는다면 여간 큰일이 아닐 수 없습니다. 당장은 시간을 벌면서 관망 자세를 취하는 것이 좋을 것입니다."

"그렇습니다. 그들의 내란에 휘말릴 필요는 없습니다."

결국 고려는 금나라의 다급한 식량 지원을 모른 척했다.

그런데 뜻하지 않은 일이 터졌다. 동쪽으로 밀려오던 거란족이 요동을 뚫고 압록강을 건너 고려를 침략해 왔다.

"고려로 도망하라!"

"고려로 들어가 재물을 빼앗고 고려 백성을 노예로 끌고 가라!"

풍경
처마 끝에 다는 작은 종. 속에는 붕어 모양의 쇳조각을 달아 바람이 부는 대로 흔들리면서 소리가 난다.

몽골에 쫓긴 거란족은 고려 북쪽 변방을 공격해 약탈을 일삼고 개경까지 위협하기 시작했다.

그 때의 일은 『고려사절요』에 이렇게 기록되어 있다.

'8월 을축일에 거란의 장수 아아와 걸로가 군사 수만 명을 이끌고 압록강을 건너와 영주(지금의 평북 영주), 삭주, 정주, 융주의 지경을 침범하였다.

이보다 앞서 거란의 군사가 대부영을 치면서 사람을 보내 북계 병마사에게 말하기를 "너희가 군량을 보내 우리를 돕지 않으면 우리가 반드시 너희의 강토를 침범할 것이다. 내가 훗날에 황색 기를 세우거든 네가 와서 황제의 조칙을 들으라. 만약 오지 않으면 너를 칠 것이다." 하였다.

갑자일이 되어 과연 황색 기를 세웠는데 병마사가 가지 않았더니 그 이튿날 압록강을 건너와서 영주, 삭주 등의 진을 공격하고 성 밖에 있던 재물과 곡식, 축산을 빼앗아 갔다. 병인일에 의주, 정주, 삭주, 창주, 운주, 연주 등의 주와 선덕진, 정융진, 연삭진 등의 여러 진에 난입하여 모두 적의 처자를 데리고 다니니 산과 들에 사람이 가득히 찼다. 곡식과 우마를 마음대로 빼앗아 먹고 한 달 동안이나 있다가 먹을 것이 없어지자 운중도로 옮겨 갔다.

기사일에 상장군 노원순을 중군병마사로 삼고, 지어사대사 백수정을 지병마사로 삼고, 좌간의대부 김온주를 부사로 삼고, 상장군 오응부를 우군병마사로 삼고, 최종준을 지병마사로 삼고, 시랑 유세겸을 부사로 삼고, 대장군 김취려를 후군병마사로 삼고, 최정화를 지병마사로 삼고, 진숙을 부사로 삼아 거란을 방어하게 하였다.'

고려는 즉시 군사를 일으켜 거란군과 맞섰지만, 파죽지세로 밀려드는 거란군을 효과적으로 퇴치하지 못했다.

"거란군이 혜종의 순릉을 도굴했다!"

"원주와 예천을 함락시켰다!"

들려오는 소식들은 모두 암담한 것뿐이었다. 거란과 고려의 전쟁은 2년 동안 지속되었다.

다급해진 고려는 몽골에 사신을 파견했다.

"우리 고려와 몽골이 연합군을 결성하면 고려 땅에 들어온 거란군을 쉽게 물리칠 수 있을 것입니다."

고려의 요청에 몽골은 흔쾌하게 승낙을 했다. 그리하여 고려와 몽골의 연합군은 강동성(평양 동쪽에 있는 성)을 급습하여 그곳에 머물고 있던 거란군을 크게 격파했다.

전쟁이 끝나자 몽골은 고려에 동맹을 제의했다.

"두 나라는 영원토록 형제가 되어 자손만대에 이르기까지 오늘을 잊지 않도록 해야 한다."

그 동맹은 동등한 입장에서 맺어졌다. 하지만 그 뒤로 몽골은 태도를 바꾸어 시도 때도 없이 공물을 요구했다.

"고려는 즉시 공물을 바치도록 하라!"

몽골은 고려를 마치 속국 취급했다.

"어림없는 소리다. 그따위 협박에 우리 고려가 눈이라도 꿈쩍할 줄 알았더냐?"

고려는 몽골의 요구를 들어주지 않았다. 그러자 몽골은 고려를 대놓고 협박했다.

"고려는 형제 맹약을 잊었단 말인가? 우리 몽골이 돕지 않았다면 거란족의 말발굽이 개경 바닥을 휩쓸었을 것이다! 고려는 당장 우리 몽골에 많은 공물을 바치도록 하라!"

그런데 그 무렵에 최충헌이 병이 들어 자리에 누웠다.

그러자 최충헌의 아들 최우(이)와 최향이 무력 충돌을 일으켰다.

"최우를 없애고 반드시 실권을 장악하도록 해 드리겠습니다."

최향의 편을 든 것은 최충헌의 측근인 대장군 최준문, 상장군 지윤심, 장군 유송절, 낭장 김덕명 등 네 명이었다.

"흥, 나를 없애고 멍청한 아들에게 아버지의 뒤를 잇게 하겠다고? 어림없는 일이다! 내가 호락호락 당할 것 같으냐!"

최우는 최향 측근의 계략을 눈치 채고 먼저 선수를 쳤다. 결국 최향은 최우 세력에게 당하고 말았다. 그래서 최충헌이 죽은 뒤에 모든 실권은 최우에게 넘어갔다.

그 동안에도 몽골의 요구는 끊임없었고 실권을 장악한 최우는 몽골과의 전쟁을 대비했다.

"의주(지금의 덕원), 화주(지금의 영흥), 철관(지금의 철령) 등지에 성을 쌓도록 하라!"

그리고 1223년에는 개성의 나성을 수리하게 했다.

몽골군의 끝없는 침략

몽골의 침입은 전혀 예상하지 못한 사건으로 시작되었다. 1225년 정월에 고려를 찾아왔던 몽골의 사신 착고여(제구유)가 본국으로 돌아가다 압록강 가에서 도둑들에게 살해되는 사건이 벌어졌다.

"고려가 우리 몽골에 앙심을 품고 사신을 죽였다!"

"당장 고려를 공격한다!"

몽골은 고려가 사신을 죽였다고 단정하고 보복을 선언하며 국교를 단절했다. 그런 뒤에 1231년 8월에 대군을 이끌고 남하했다. 몽골의 제1차 침략이었다. 고려군은 구주(귀주), 자주, 서경 등에서 몽골군은 크게 무찔렀지만 밀려드는 몽골군과 맞서기란 모든 것이 역부족이었다. 몽골군은 순식간에 개경을 포위했고, 고종은 할 수 없이 몽골 장수 살리타가 보낸 권항사(항복을 권하는 사신)를 만나야 했다. 그런 뒤에 왕족 희안공을 적진으로 보내 강화를 맺었다.

"우리 고려는 절대 몽골의 사신을 죽이지 않았다. 착고여 살해는 우리 고려와 몽골의 국제적 분쟁을 일으키게 하기 위해 금나라가 저지른 소행이 분명하다. 하지만 고려 땅에서 빚어진 일이니 우리 고려는 황금, 백은 등의 예물을 바치겠다!"

고려는 예물을 바치고 몽골군 지휘자들을 달랬다.

"앞으로 고려가 우리 몽골에 대해 신하의 도리를 다하겠다고 약속했으니 우리 몽골군은 그 약속을 믿고 물러나도록 한다."

마침내 몽골은 싸움을 중지하고 다루가치(원나라에 총독 등을 호칭하던 관직명. 몽골 궁인) 70여 명을 고려에 남겨두고 철수했다.

마침내 몽골군이 철수하자, 고려 조정은 서둘러 살아날 방법을 찾았다.

백양사(전라남도 장성)
25교구 본사의 하나로, 백제 무왕 33년(632)에 여환 대사가 창건하였다.

"몽골인은 초원에서 양 떼를 몰고 다니며 사는 유목민입니다. 그래서 말을 잘 다루어 기마병 중심으로 군대가 편성되어 있습니다."

"보병 중심으로 이루어진 우리 고려군은 기마병을 당해 낼 재간이 없습니다."

"우리는 기마병에 약하지만 몽골군은 해전에 약합니다. 그들은 바다의 전투 경험이 없기 때문입니다."

"그렇다면 서둘러 강화도로 도읍지를 옮겨야 되겠군요."

결국 고려는 수도를 강화로 옮기는 작업을 대대적으로 실행했다.

"우리가 몽골군과 강화를 맺은 것은 시간을 벌기 위해서였다. 우리는 절대 몽골과 맺은 강화를 인정할 수 없다. 비록 몽골군은 철수했지만 언젠가는 다시 고려를 침입할 것이다. 그 때를 위해서라도 강화도로 도읍을 옮기는 것은 피할 수 없는 일이다. 몽골군은 수전에 약하다. 강화도로 도읍을 옮기고 각지의 주민들을 산성과 섬으로 이주시키도록 한다! 이는 모두 몽골과의 전면전을 대비하기 위함이다!"

최우가 서둘러 강화도로 서울을 옮긴 것은 몽골의 공격을 피하기 위해서만은 아니었다. 농민, 천민의 항쟁이 서서히 시작되고 있었기 때문에 자신의 정권을 보호하기 위한 조치일 수도 있었다.

"오랑캐들은 강화도로 오는 뱃길이 험해서 함부로 들어올 수 없으니 우리는 아무 걱정할 것 없다."

최우는 강화도로 옮겨가는 일을 서둘렀다. 하지만 수도

를 옮기는 일은 비참하기 짝이 없었다. 6월의 장맛비가 주룩주룩 쏟아지는 속을 뚫고 백성은 살림살이를 짊어진 채 고향을 버리고 섬으로 들어가야 했다. 하지만 최우의 살림살이를 실은 수레는 수백 대나 되어 백성의 눈총을 샀다.

"에잇, 저 꼴 보기 싫으니 멀찍이 떨어져서 걸어야겠다."

"정든 고향 버리고 섬으로 유배 가는 기분보다 저 꼴 보는 것이 더 견디기 힘들군."

그 때의 광경은 『고려사절요』에 자세히 기록되어 있다.

'최우가 족전거(녹봉에 충당하는 녹전을 운반하는 수레) 1백여 량을 빼앗아 집안의 재물을 강화도로 옮기니 서울이 흉흉하였다. 유사에게 영을 내려서 날짜를 한정하여 5부 백성을 보내게 하고, 성중에 방을 붙여 이르기를 '시간을 지체하여 출발할 기일에 미치지 못하는 자는 군법으로 논하리라.' 하고 또 사자를 여러 도로 보내 백성을 섬이나 산성으로 옮겼다.'

강화도로 옮겨 간 지배층은 여전히 호화로운 생활을 누렸지만 본토에 남아 있던 백성의 고통과 피해는 이루 말할 수 없이 컸다.

"예전에 만적의 난이 일어났을 때 양반을 모조리 없앴어야 했어. 그러면 최씨 집안이 고려 조정을 떡 주무르듯 하면서 죄 없는 백성만 죽음으로 내모는 이 꼴은 안 당했을 것 아닌가."

"양반을 모조리 죽이면 우리 백성의 세상이 올 수 있을까. 지금 양반이 사라져도 다른 양반 계급이 또다시 나라를 쥐락펴락하면서 백성을 착취하겠지."

백성은 깊은 실의에 빠져 삶의 의욕조차 잃고 살았다.

그런데 몽골군이 다시 고려를 침범한 것은 1차 침입이 있은 뒤 8개월 만이었다.

"개경으로 몰려간다!"

파죽지세로 달려온 몽골군은 순식간에 개경을 함락하고 남경(지금의 서울)을 공격한 다음에 한강을 넘어 남쪽을 공격했다.

　몽골군이 그렇듯 빠른 시일에 고려를 점령할 수 있었던 것은 서경에서 몽골군에 투항한 홍복원* 때문이었다.

　하지만 몽골군은 강화도는 공략하지 못했다.

　"우리 몽골군이 해전에 약하다는 점을 교묘하게 이용해서 섬으로 숨어 버렸구나."

　몽골군은 강화도를 공략할 수 없다는 것을 파악하고 사신을 파견해 항복을 요구했다.

　"고려 왕은 당장 섬에서 나와 항복하도록 하라! 만일 고려 왕이 항복하면 우리는 군사를 돌려 본국으로 돌아가겠

· 홍복원은 고려의 역신으로 홍대순의 아들이다. 그 선조는 중국인으로 당나라 때 고려로 이주해 왔다. 1218년(고종 5) 고종 때 몽골이 강동성에 침입하였을 때 아버지 홍대순이 자진해 항복하여 적병을 불러들였다. 그리고 홍복원도 1231년(고종 18) 살리타가 고려로 쳐들어오자 서경 낭장으로 있으면서 적에게 항복하였다. 몽골군이 돌아간 뒤 그는 반란을 일으켜 붙잡혔으나 몽골로 도망하여 동경 총관이 되었다. 그 후 몽골이 고려를 칠 때마다 앞잡이가 되어 들어오므로 '주인을 무는 개'라고 하였다. 후에 몽골에 볼모로 간 영녕공 준과 사이가 나빠지자 몽족 황족 출신인 영녕공*준의 부인이 황제에게 일러바침으로써 황제가 보낸 10여 명의 장사에게 맞아 죽었다.

· 영녕공 준은 고려 고종 때의 왕족이다. 1241년(고종 28) 왕자로 가장하여 볼모로 몽골에 갔다가 가짜 왕자인 것이 탄로 났으나 원만한 성격 덕분에 무사할 수 있었고, 그곳에 머물며 몽골 왕실의 신임을 샀다. 1253년 몽골이 고려를 침공하려는 것을 알고 고려에 알려주었다. 1255년에는 원나라 헌종의 명에 따라 차라타이의 고려 침공군에 종군하기도 하였다. 안무고려군민총관이 되어 만주 지방의 고려 유민을 지배하고 심주에 살면서 죽을 때까지 본국에 돌아오지 못하였다.

월정사 팔각 구층 석탑
강원도 오대산 월정사 경내에 있는 9층 석탑으로, 석탑 앞에는 공양하는 모습의 보살상이 마주 앉아 있다. 이 석탑은 우리 나라 북쪽 지방에 주로 유행했던 다각다층 석탑의 하나로 고려 초기 석탑을 대표한다.

다. 하지만 항복하지 않는다면 도리 없이 고려의 땅을 우리 말발굽으로 짓밟아 놓고 말겠다!"

살리타는 계속 항복을 요구해 왔지만 고려는 그 요구에 끝까지 응하지 않았다.

"할 수 없다! 군사를 돌려 다시 남하하여 처인성(지금의 용인)을 공격한다! 고려 왕은 고려 백성이 우리 군사의 칼 앞에서 추풍낙엽처럼 목숨을 잃는 꼴을 보고 싶은 모양이로구나!"

살라타는 곧바로 군사를 이끌고 남쪽으로 내달렸다.

"처인성을 지켜라!"

"우리는 고려 백성이다! 싸우다 죽는 것을 두려워하지 말자!"

승려인 김윤후*는 처인성에서 앞장서서 적과 싸웠고, 살라티는 고려 진영에서 쏜 화살을 맞고 그 자리에서 숨을 거두었다.

"살리타 장군이 죽었다!"

"모두 싸움을 중지하고 후퇴하라!"

살리타를 잃은 몽골군은 크게 사기가 떨어져 철군을 서둘렀다. 하지만 그 때 대구 부인사에 소장되어 있던 〈고려 대장경〉이 불타고 말았다.

그리고 신라 시대 때에 지어진 황룡사 9층 목탑이 불탄 것은 1235년(고종 22), 몽골군의 제3차 침입 때였다.

김윤후는 원래 경기도 평택 지역에 소재하는 백현원의 승려였으나 1232년(고종 19) 몽골군이 침입하자 처인성으로 몸을 피하여 관민을 지휘하였다. 적장 살리타가 1232년 12월 16일에 피살되자 몽골군은 더 이상 남하하지 못하고 철군했다. 1253년(고종 40), 고려를 5차 침입한 몽골군이 충주성을 포위하자 김윤후는 충주성에 입보한 관민을 지휘하여 70여 일을 저항하였다. 성안의 식량이 바닥나고 민심이 동요하자 노비 문서를 불태우며 공을 세운 자는 신분의 귀천을 가리지 않고 포상할 것을 약속함으로써 위기를 극복하였다.

"고려 왕은 당장 강화도에서 나와 항복하라!"

살리타 죽음에 대한 보복을 선언하며 고려를 침략한 몽골군은 무려 4년 동안이나 고려 땅을 휩쓸었다. 하지만 고려 조정은 민족의 결속을 위해 〈팔만대장경*〉을 조판하며 곳곳에서 처절한 항전을 지속했다.

그 뒤로도 몽골군의 침략은 끊임없이 계속되었고, 1258년까지 무려 6차례에 걸쳐 공격을 당했다. 고려는 30년 동안 몽골의 침입에 시달려야 했던 것이다. 그 중에서도 1254년 몽골의 제6차 공격의 피해는 어마어마했다.

'이 해에 몽골군에게 사로잡힌 남녀가 무려 20만6천8백 명이며 살육된 자가 이루 다 헤아릴 수 없다. 몽골군이 지나간 고을은 모두 잿더미가 되었다.'

〈팔만대장경〉은 해인사 〈고려대장경〉의 경판을 인쇄한 2부 가운데 하나로 도내 유일본이다. 판수가 팔만여 개에 달하고 8만4천 번뇌에 해당하는 8만4천 법문을 실었다고 하여 〈팔만대장경〉이라 한다. 이는 의천이 만든 〈초조대장경〉이 몽골의 침략으로 소실되자 다시 만든 것으로 〈재조대장경〉이라고도 한다. 몽골군의 침입을 불교의 힘으로 막아보고자 국가에서 대장도감이라는 임시기구를 설치하여 새긴 것으로 고려 때는 물론이고 조선 초에도 인쇄되었으나 남아 있는 것은 많지 않다.

그런 기록이 남았을 정도로 고려의 피해는 막심했다.

몽골군과 맞서 싸운 것은 고려의 정부군이 아니었다. 일반 농민과 천민이었다. 하다못해 최씨 집안의 가혹한 정치에 반발해 봉기했던 백성까지 몽골의 침입을 막기 위해 나섰고, 마산(평북 귀주 부근) 초적(무장한 농민 반란군)의 우두머리는 최우를 찾아와 정병 5천 명을 이끌고 몽골군과 맞서겠다고 통보했다.

"노비나 부고, 소의 민들도 모두 몽골에 대항하여 싸워라!"

왕을 비롯한 최우 집단은 강화도에서 호화 생활을 하며 안위를 챙기고 있는 동안에도 고려 백성은 죽음을 무릅쓰고 몽골군과 맞서 싸웠던 것이다.

고려 백성 모두가 나라를 위해 싸운 것은 아니었다.

"몽골에 가면 세금도 안 내고 내가 벌어서 내가 먹고 살 수 있다네."

"몽골로 가면 땅도 주고 얼마든지 벌어먹고 살 수 있게 해 준다고 해."

고려 백성 중에는 몽골군이 들어오는 것을 오히려 반기기도 했고 국경을 넘어 몽골 땅으로 옮겨 간 사람도 꽤 많았다.

나라 전체가 전쟁의 공포에 휩싸여 한 치 앞을 내다볼 수 없을 지경으로 혼란스러웠지만 강화도의 왕과 벼슬아치들은 오랜만에 연등절을 열고 큰 잔치를 벌이기도 했다.

그 일은 『고려사절요』에 이렇게 기록되어 있다.
'연등절에 여러 왕씨와 재신과 추신에게 잔치를 베풀었는데, 왕이 두 번 손을 들어 여러 신하들에게 보이며 이르기를 "잔치에 참여한 자는 박수를 쳐서 나의 즐거움을 도우라." 하였다. 술이 다하였는데도 오히려 왕은 매우 즐거워했고, 여러 신하들은 손뼉을 치며 뛰놀아서 온몸에 땀이 흘렀다. 해가 저물어서야 파했다.

사신이 말했다.

"국가가 병란을 입은 이래로 연등연을 정지한 지 벌써 6년이나 되었다. 더구나 지금 동북쪽은 모두 적의 소굴이 되고, 서남쪽 사람들은 바다 섬에 우거하여 길에서 죽은 시체가 서로 이어지고 창고가 모두 비게 되었음에랴. 왕은 마땅히 조심하고 경계하여 새벽에 일어나 밥 먹을 겨를도 없이 어진 정치를 베풀고 군비를 닦더라도 오히려 보존하지 못할까 두려운데, 생각이 여기에 미치지 못하고 향락만 따랐다.

왕은 이미 쇠하고 늙어서 해의 그림자만 보고 세월을 보내기 때문에 책할 것이 없지마는 당시에 모시고 잔치한 자 중에 어찌 한두 사람의 유식한 사람도 없어서 왕과 함께 손뼉을 치며 즐거움을 돕기를 태평한 때와 같이 하고, 한 마디 말로도 간하는 자가 없었던 것인가."

몽골은 여러 차례 고려를 공격했지만, 끈질기게 투항하는 고려 백성들 때문에 군사적으로 완전히 굴복시키는 것은 불가능했다.

결국 1259년에 몽골에서는 고려 조정에 서둘러 교섭 요청을 해 왔다.

"우리 몽골군이 철수하는 조건으로 고려 태자는 몽골에 조회하도록 하고, 수도는 강화도에서 다시 개경으로 옮겨야 한다."

몽골이 강화 조약을 서둘렀던 데는 몽골 내부의 문제 때문이었다. 그 무렵에 몽골은 주전선인 남송 정벌에 집중해야만 했다.

그 탓에 군사력을 분산할 수 없는 처지였고, 고려에 주둔해 있는 군사를 서둘러 남송 정벌로 돌려야만 했다.

"우리 고려 조정은 몽골의 강화 조약 제의를 받아들이겠다!"

고려 조정도 몽골의 요구 조건을 서둘러 받아들였다.

고려가 강화 조약 체결을 서둘렀던 이유는 그 무렵에 조정을 장악하고 있던 최의의 죽음 때문이었다. 문신 유경과

태백산 정상
설악산·오대산·함백산 등과 함께 태백산맥의 '영산'으로 불린다. 산 정상에는 예로부터 하늘에 제사를 지내던 천제단이 있어 매년 개천절에 태백제를 열고 천제를 지낸다.

무신 김준이 중심이 되어 최의를 살해함으로써 최씨 집안의 60년 독재가 막을 내렸던 것이다.

"민심 이반을 가속화한 전쟁을 중단해야 된다."

"정국을 새로운 방향으로 전환시킬 수 있는 절호의 기회다. 이 기회를 놓쳐서는 안 된다!"

백여 년의 세월을 무신들의 칼 앞에 숨죽여 왔던 고려는 마침내 최의를 끝으로 왕권 강화에 힘을 쏟을 수 있게 되었다.

그러나 조휘*, 탁청* 등이 철령 이북의 땅을 몽골에 바치고 투항하는 사건이 벌어졌다.

"철령 이북의 땅을 바치고 몽골 황제의 신하가 되어 충성을 다하겠습니다."

몽골에서는 조휘와 탁청이 철령 이북의 땅을 바치고 투항하자 크게 기뻐했다.

"그 동안 수많은 군대를 파견하고도 별 소득이 없었는데, 다른 사람도 아닌 고려의 장수인 조휘와 탁청이 우리 몽골을 크게 도왔구나. 서둘러 철령 이북을 직속령으로 삼고 쌍성 총관부를 설치하라!"

고려로서는 철령 이북이 몽골의 손에 넘어간 것이 이만저만 큰 충격이 아닐 수 없었다.

· 조휘는 고려의 반역자다. 1258년, 동북면에 침입한 몽골병을 인도하여, 철령 이북의 땅을 몽골이 차지하게 한 뒤 투항했다. 몽골이 화주에 쌍성 총관부를 설치하자 총관이 되어 수차 북변의 성읍을 침입, 주민에게 피해를 주었다. 1356년(공민왕 5)에 유인우에 의해 토벌되기까지 쌍성 총관부는 약 100년간 지속되었으며, 총관은 휘의 아들 양기, 손자 돈, 종증손 소생에게 세습되었다.

· 탁청은 고려 고종 때의 반역자다. 1258년(고종 45) 12월 조휘와 함께 화주 이북 전역에 걸쳐 반란을 일으키고 몽골에 항복하였다. 몽골에서는 화주에 쌍성 총관부를 설치하고 조휘를 총관으로, 탁청을 천호(千戶)로 삼아 통치하게 하였다.

"나라의 힘이 없으니 옛부터 내려오던 땅이 남의 나라로 속하고 말았구나."

고려는 1258년 3월, 왕의 입조와 공물을 약속하고 태자 전 등 40여 명을 원나라에 보냈다.

그리고 마침내 최씨 세력이 세운 강화도의 성을 헐었다.

그 일은 『고려사절요』에 이렇게 기록되어 있다.

'태자 전을 보내 표문을 받들고 몽골에 가게 하였는데, 지정사 이세재와 추밀원부사 김보정 등 40명이 시종하였으며, 백관들이 들에 나와 전송하였다. 백관의 은과 베를 거두어 그 비용에 충당하였다. 나라의 예물(공물)을 말 3백여 필에 실었는데, 말이 부족하므로 강제로 길가는 사람의 말을 샀다. 그 때문에 말을 타고 다니는 사람이 적었다.'

원나라의 부마국이 된 고려

"마침내 몽골과 28년간의 긴 투쟁이 끝났다!"

"몽골군이 완전히 물러갔다!"

백성은 전쟁이 끝난 것을 크게 기뻐했다.

고려의 고종이 숨을 거둔 그 해에 몽골의 헌종도 숨을 거두었다. 그런데 몽골 조정에서는 황제 자리를 놓고 헌종의 두 아들인 쿠빌라이와 아리패가 대치하고 있었다.

고려 태자 신분으로 몽골에 가 있던 왕식(후에 원종)은 결단을 내리고 쿠빌라이를 찾아가기로 했다.

"지금 몽골은 왕위 계승전과 남송 정벌로 여념이 없다. 우리 고려에서 찾아가는 진영이 어디냐에 따라서 그 진영이 실세로 떠오를 것이다. 지금으로 봐서는 쿠빌라이 세력이 아리패 세력보다 훨씬 힘이 강하다. 만에 하나 아리패가 황제 자리에 오른다면 이만저만 낭패가 아니지만, 우리 고려가 어느 편의 손을 들어주느냐에 따라서 황제 자리가 결정될 확률이 많으니 쿠빌라이를 찾아간다면 반드시 우리 고려에 큰 선물을 줄 것이다."

고려 태자가 쿠빌라이를 찾아가자, 쿠빌라이는 크게 기뻐했다.

"고려는 만 리 밖의 나라로서 당 태종 이래로 여러 차례 공격했으나 굴복시키지 못하였는데 지금 고려의 태자가 스스로 나에게 들어왔으니 이는 하늘의 뜻이로다!"

"우리 고려가 어느 편에 서느냐에 따라서 판도가 달라질 것이니, 이 기회에 세력을 완전히 장악하여 무사히 황제 자리에 오르십시오."

"이렇게 어려운 걸음을 하였으니 어찌 선물을 주지 않겠는가. 앞으로 내가 황제 자리에 오른다면 우리 몽골은 고려의 제도와 풍속을 변경하지 않겠소. 다만 고려의 군사

태백산 능선

제도나 새로운 국왕의 즉위와 교체 등 정치·군사적인 면에만 참여할 것이오."

"그렇다면 고려의 풍속과 제도는 그대로 인정하겠다는 말씀입니까?"

"그 정도라면 고려에 큰 선물을 준 것이 아니겠소?"

쿠빌라이는 고려 태자를 일국의 임금으로 대하며 예를 다하라는 명을 내렸다.

쿠빌라이가 왕식에게 예를 다해 대접했던 것은 대륙의 모든 나라가 몽골의 무력에 굴복하여 항복을 하였는데 오직 고려만이 30년을 항전하며 항복하지 않은 것에 대한 특별한 대우이기도 했다.

그 뒤, 왕식은 고려로 돌아와 고려 제24대 왕위에 올랐다. 그가 원종이다. 그리고 원나라의 고종이 숨을 거둔 그

해에 쿠빌라이는 아리패를 누르고 황제 자리에 올라 국호를 원으로 고쳤다.

쿠빌라이의 호의적인 대접을 받은 원종은 그 후부터 다소 친몽적 경향을 띠고 나라를 다스렸다.

한편, 고려 지배층에서는 아직도 강화도에 남아 원나라와 맞서 싸울 것을 주장하는 집권 무신이 많았다.

"강화도만 사수하면 원나라군은 우리 고려 땅을 쳐들어와도 오래 못 버틸 것이다. 우리가 제 발로 걸어 나가 원나라 속국이 될 까닭이 없다!"

그 무렵에 개경에서는 궁궐 신축 공사가 한창이었지만 김준을 위시한 무신들은 출륙환도(왕이 육지로 나오고, 도읍을 원래대로 옮기는 것)를 거부하며 강화에 머물며 원나라와 대적해야 된다고 주장했다. 원종은 최씨 무신 정권이 무너진 이후 형식적으로 정권을 되찾았지만 실제로는 여전히 허수아비에 불과했다.

원종은 원나라를 끌어들여 권력을 되찾으려는 계획을 철

저하게 세웠고, 그 계획은 반대 세력을 더 들쑤셔 놓았다.

"국내의 일을 외세를 끌어들여 해결한다면 반드시 그 외세의 손아귀에서 놀아날 수밖에 없다는 것을 잊지 마십시오!"

"신라도 당나라를 끌어들여 한반도 삼한 땅을 통일했지만 결국은 오랜 세월 동안 당나라를 삼한 땅에서 몰아내기 위해 많은 피해를 입었습니다."

"원나라 세력으로 왕권을 강화하려는 욕심은 버리십시오!"

하지만 원종은 단호하게 맞섰다.

"고려가 무신들에게 정권을 탈취 당하고 거의 100년 가까이 왕권은 형편없이 무너져 있었다. 결국 고려가 몽골의 외침을 거듭 받을 수밖에 없을 정도로 약소국이 된 것도 모두 무신들의 독재 정치 탓이다. 지금이라도 왕권을 회복해야 한다."

원종이 한 발짝도 물러서지 않자, 무신 세력을 이끌고 있던 김준*은 원종을 폐위시키고, 다시 정권을 움켜쥐려고 했다.

다행히 원종은 원나라의 도움으로 가까스로 왕위를 회복할 수 있었다. 그리고 김준의 뒤를 이어 군사력을 장악한 사람은 임연*이었다.

원나라에서는 다시 원종의 입조를 요구했다.

"원나라 입조는 있을 수 없는 일이다. 야별초로 하여금 백성을 섬으로 이주토록 하여 원나라와의 일전을 준비하겠다!"

교정별감직을 맡고 있던 임연은 끝까지 입조를 거부하다 울화증을 이기지 못하고 1270년 2월 등창으로 숨을 거두었다.

그리고 임연의 뒤를 이어 임유무가 권력을 장악했다. 임

- 김준은 고려 시대의 무신이다. 최의를 살해해 최씨의 무단 정치를 타도하고 왕권을 회복시키는 공을 세웠으나 그의 외교 정책이 원종의 미움을 받자 임연 일파에게 살해되었다.
- 임연은 고려 권신이다. 원종을 폐하고 안경공 창을 즉위시킨 뒤 교정별감이 되어 정치·군사의 실권을 장악했다. 그러나 몽골의 위협에 안경공을 폐위시키고 원종을 복위시켰다. 야별초를 각 지방에 보내어 몽골군에 끝까지 항전하려다가 병으로 죽었다.

유무*가 정권을 장악한 뒤, 원종은 원나라 요구대로 고려를 떠나 몽골 조정으로 입조했다. 그리고 그곳에서 개경으로 환도하라는 명을 내렸다.

하지만 원종의 개경 환도 계획은 임유무 세력의 완강한 반대에 부딪쳐 쉽게 이뤄지지 못했다.

"산성별감들을 각지에 파견하여 백성을 육지로 나오지 못하게 하고 임금의 개경 환도를 강력하게 저지하도록 하라!"

임유무가 끝까지 대항하자 원종은 홍문계와 송송례*를 보내 임유무를 처치했다.

"임유무를 없앴다!"

"이제 무신 정권을 무너뜨렸다!"

마침내 임유무가 죽고, 1백 년 동안 지속되었던 무신 정

· 임유무는 고려 시대의 무신이다. 몽골에 있던 원종이 개경으로 환도하라는 명령을 내리자 환도하지 못하게 막고 야별초를 교동에 주둔하게 하여 몽골군 공격에 대비했으나 살해되었다. 그를 마지막으로 무신 정권은 몰락하고 왕정 복구와 개경 환도가 이루어졌다.

· 송송례는 고려 후기 대신이다. 권신 임연의 아들 임유무를 죽여 그 전횡을 뿌리 뽑음으로써 왕정을 복구시켰다.

인왕산 인왕사
인왕산에는 1918년에 창건된 인왕사가 있다. 이곳은 우국지사들의 은신처와 현저동 서대문형무소에서 사형당한 사람들의 명복을 비는 사찰로 많이 이용되었다.

권도 믹을 내뱉다.

"이제 마음놓고 개경에서 지낼 수 있게 되었다!"

원종은 임유무 무리가 소탕되자 40년 가까이 고려 왕실이 머물렀던 강화도를 버리고 개경으로 돌아왔다.

원종의 개경 환도는 친몽 정권이 고려를 장악하는 것을 의미했다. 원나라는 원종의 친조 이후에 고려에 대한 경계심을 대폭 완화했다.

원종이 서둘러 원나라 세력을 이용해 왕권 강화에 힘쓰는 동안에도 배중손이 이끄는 삼별초*는 진도와 탐라(제주도)로 옮겨 가 끝까지 투쟁을 했다.

"강화도에 남아 있는 귀족들을 모두 배에 태워 진도로 이송하라!"

"강화도는 육지에서 가까워 몽골군의 반격이 용이한 지역이니 보다 안전한 진도로 근거지를 옮기도록 한다!"

그 때 인력 이송에 동원된 배가 자그마치 1천여 척이 넘었다.

삼별초의 항거가 지속되자, 원나라 세조는 고려 조정에 삼별초를 토벌하라는 조서를 내렸다.

"고려 정부에게 고려민을 소탕하라는 남의 나라 명을 이행해야만 하는가."

> 삼별초는 고려 무신 정권 때의 특수 군대다. 삼별초는 처음에 최우가 도둑을 막기 위해 설치한 야별초(夜別抄)에서 유래한다. 야별초는 1219년 최우가 권력 보호를 위해 조직한 사병이었는데, 뒤에 몽골의 침략에 대항하는 정규군으로 편성되었다. 그에 따라 야별초는 다시 좌별초, 우별초로 나뉘었으며, 몽골에 포로로 잡혀갔다 돌아오거나 탈출한 이들로 이루어진 신의군을 일컬어 삼별초라 불렀다. 삼별초는 주로 경찰·군사 등의 공적 임무를 띠었으나 실제로는 최씨 무신 정권의 사병이었다.

원종은 허약한 고려 정권에 한탄을 했다.

원종은 김방경*을 불러 삼별초 토벌 문제를 의논했다.

"원나라의 요구를 들어줘야 하는 것이오?"

원종의 물음에 김방경은 뜻을 분명히 했다.

"군대를 동원하더라도 고려의 군사만으로 해야 합니다. 원나라 군대를 끌어들였다가는 또다시 강토가 그들 말발굽 밑에 짓밟히고 말 것입니다. 이 점은 절대 잊지 마십시오."

"비록 짐이 원나라를 등에 업고 왕권을 강화시키고 있지만, 나라 안의 일까지 원나라의 도움을 받게 된다면 우리 고려는 영원히 원나라의 입김을 벗어날 수 없을 것이오."

마침내 원종은 고려에 파견 와 있던 원나라 장군 홍다구를 만나 고려군만으로 삼별초를 토벌하겠다는 의견을 내놓았다.

> 김방경은 고려 시대의 명장이다. 1270년 배중손 등이 삼별초의 난을 일으켜 승화후 온을 왕으로 추대하자 추도사가 되어 참지정사 신사전과 함께 삼별초를 공격했다. 1271년 몽골군과 합세하여 승화후 온을 죽였고, 김통정 등이 남은 무리들을 이끌고 탐라에 들어가서 항전하자 1273년 원나라의 장수 흔도, 홍다구와 함께 삼별초를 쳐서 완전히 평정하였다.

"좋습니다. 우선 고려군이 삼별초가 항복하도록 설득해 보고 그래도 말을 안 들으면 우리 원나라군이 공격하겠습니다."

하지만 삼별초는 끝까지 저항했고, 고려가 고전을 면치 못하자 원나라는 그 기회를 놓치지 않았다.

"고려군의 힘으로는 삼별초를 토벌하지 못하니 우리 원나라군이 도와서 삼별초를 섬멸하겠다!"

원나라 사령관 흔도와 홍다구가 삼별초를 토벌하기 위해 탐라로 끌고 간 병력은 배 160척, 군대 1만 명의 대병력이었다. 결국 삼별초는 1273년 2월 여·몽연합군에 의해 토벌되었다.

삼별초의 난은 단순히 무신 정권을 수호하려는 군사 반란의 차원을 넘어 고려 백성의 국권 회복 운동의 성격이 짙었다. 그러나 삼별초의 항쟁은 오히려 몽골의 내정 간섭을 가속화시키는 결과를 낳고 말았다.

이후 고려 사회는 본격적으로 1백 년 동안 원나라의 지배를 받아야만 했다.

1백 년의 무신 정권의 독재적 권력은 결국 고려를 몰락으로 이끈 주된 원인으로 작용했던 것이다.

마지막 반몽 세력인 삼별초가 몰락하자 고려 조정은 원나라에 거의 복속된 것이나 마찬가지였다.

"남편이 없는 부녀자를 원나라로 보내라! 혼자 사는 여자와 역적의 처, 노비의 딸 등 140명을 공녀로 바쳐라!"

원나라의 매빙사가 와서 결혼도감을 설치하고, 고려 여자를 보내라고 요구하는 등 원나라의 요구는 끝이 없었다.

"삼별초의 잔당을 소탕하는데 1만의 대군이라니, 아무래도 원나라가 수상한 짓을 하고 있구나."

원종은 다시 김방경을 불렀다.

"틀림없이 훗날 일본 토벌을 위해 대병력을 탐라에 주둔시킬 듯합니다."

오대산 성황각
성황각은 이 지방의 토속신을 모신 곳이다. 맞배 지붕에 크기는 자그마하고 두 평 남짓한 이 성황각은 모든 사상과 믿음을 수용하려는 불교의 가르침을 보여 주고 있다.

김방경의 말대로 그 후, 원나라는 '탐라국 초토사'라는 자격으로 탐라국을 관리하겠다고 나섰다. 드디어 일본 정복의 야망을 드러내기 시작한 것이다.

"고려는 일본 토벌에 쓸 병선 3백 척을 전라, 탐라 두 곳에서 건조하여 5월까지 완성하라!"

원나라에서는 홍다구를 배 건조 감독 총관으로 임명했다. 그리고 배를 건조하기 위해 많은 기술자를 징집하게 했다.

"외세를 끌어들여 국난을 평정한 대가를 치르고 있구나!"

"능력 없는 나라 때문에 왜 힘없는 백성이 희생되어야

하느냐!"

 백성의 원성은 이루 말할 수 없이 높았다.

 원종은 붓을 들어 고려가 얼마나 빈궁하고 비참한 상황에 빠져 있는가를 자세히 적어 원나라 조정에 애원을 해야 했다.

 그러나 원나라에서는 오직 배 만들기만을 독촉했고, 고려는 약 4개월 반 동안에 쌀 1천 석을 실을 수 있는 대형 전함인 천료주 3백 척을 비롯하여 병선 6백 척을 완성해야 했다.

 "임금이 있어도 우리 백성은 원나라 노예로 살아야 하느냐!"

 "백성이 도탄에 빠져 있는데 임금은 백성의 원성을 왜 듣지 못하느냐!"

 백성의 원성과 원나라의 끝없는 요구에 시달려야 했던 원종은 목소리조차 낼 수 없는 원인 모를 병에 시달리다가 1274년 6월 숨을 거두었다.

원종의 뒤를 이어 충렬왕이 고려 제25대 왕이 되었다. 충렬왕은 세자 시절에 1272년에 원나라에 입조하여 원 세조의 딸 홀도로게리미실공주와 결혼하여 원의 부마가 되어 있었다.

원종이 세상을 뜨자 고려로 돌아와 왕위에 오른 충렬왕은 여·원연합군을 이끌고 일본 정벌에 나서야 했다.

원나라군 2만5천, 고려군 8천으로 구성된 연합군은 고려 백성의 손으로 건조된 병선 9백 척을 이끌고 합포(마산)를 떠나 일본으로 향했다.

그러나 거칠어진 바람이 폭풍으로 변하면서 여·원연합군을 태운 배는 산산조각으로 부서졌고, 수많은 군사가 물에 빠져 죽었다.

제1차 일본 원정의 실패는 고스란히 고려의 몫이었다. 참다못한 충렬왕은 김방경을 비롯한 다른 신하들과 그 일을 의논했다.

"일본 정벌을 피할 수 없는 일이라면 차라리 우리가 앞장서는 것이 나을 것입니다. 그러면 원나라 세력 밑에 우리 군사를 두지 않을 수 있고 병력과 군량을 줄일 수 있을 뿐만 아니라 원나라의 군사 작전을 피할 수 있을 것입니다."

"고려 백성과 강토가 조금이라도 안정되고 화를 면할 수 있는 갖은 외교 방법이 다 필요한 상황입니다."

"굴욕적이지만 나라의 존립이 어느 때보다 중요하다는 것을 먼저 생각하셔야 합니다."

신하들의 결정대로 충렬왕 7년 5월 3일 새벽, 9백 척의 고려 대선단이 합포를 떠나 2차 일본 정벌에 나섰다.

그러나 이번에도 1차 정벌 때와 같이 강한 태풍이 불어 10만 이상의 병력이 물에 빠져 죽고 말았다.

끝내 일본 정벌에 실패한 원나라는 몇 번이고 일본을 정벌하려 했지만 번번이 실패하고 고려에 엄청난 피해만 안겨 주었다.

충렬왕 20년, 원나라 세조 쿠빌라이가 세상을 뜨자 마침내 원나라는 일본 정벌의 야욕을 접었다.

그런 가운데 1290년에는 원나라를 괴롭히던 내안의 합단군이 고려를 공격하자 충렬왕은 조신들을 이끌고 다시 강화도로 천도해야만 했다.

"또 강화도인가? 어째서 고려 왕실은 강화도를 못 벗어난단 말인가?"

충렬왕은 큰 상심에 빠졌다. 결국 이번에도 원나라가 합단군을 물리치기 위해 나섰다.

"어찌하여 고려군은 아무 힘도 발휘하지 못하고 사사건건 우리 원나라의 도움만 받으려 드는가?"

고려는 원나라의 도움으로 가까스로 1년 반 만에 합단군을 물리칠 수 있었다. 그 뒤, 원나라는 고려의 내정 간섭을 드러내 놓고 했다.

"고려 왕실은 줄곧 원나라 지원에만 의존하는 나약한 왕실이니 앞으로는 정사의 작은 일이라도 원나라의 지시를 받도록 한다!"

그런 데다 고려가 약해지자 북방 야인과 외구들이 변방을 자주 침입해서 고려 사회를 더 위태롭게 만들었다. 고려는 김방경 등 여러 장수의 활약으로 가까스로 국운을 보전할 따름이었다.

하지만 그런 와중에도 고려 조정은 최탄이 몽골에 바쳤던 동녕로를 환부해 줄 것을 요청하여 서북면 일대의 국토를 회복하는데 성공했다. 그리고 1294년에는 탐라를 돌려받아 제주라 고치고 목사를 파견할 수 있었다.

충선왕의 등장

그렇듯 고려가 어지럽던 무렵에 충선왕이 태어났다. 그때가 1275년(충렬왕 2) 9월이었다. 충선왕의 어릴 적 이름은 '왕장'이었다.

"나라에 어두운 일만 거듭 일어났는데, 왕자가 태어났으니 참으로 기쁜 일이로구나."

충렬왕은 원나라 황제의 딸인 장목왕후(제국공주)가 왕자를 낳자 몹시 기뻐했다.

"원나라 황실의 피를 받은 세자가 태어났으니 원나라와 고려의 관계가 훨씬 가까워지겠구나."

"제발 왕세자 탄생으로 원나라가 고려를 예전처럼 괴롭히지 말았으면 좋겠구먼."

비룡산 장안사 대웅전(경상북도 예천군)
장안사는 통일 신라 때 의상 대사의 제자인 운명 선사가 세웠다.

백성도 왕세자의 탄생을 축하했다.

왕장은 세살 때 세자로 책봉되었다.

원나라는 고려를 지배하면서 태자를 세자로 낮추어 부르게 했다. 또한 왕의 시호 앞에는 일괄적으로 '충(忠)' 자를 붙이도록 강요하고 고려의 많은 관직을 격하시켰다.

그런데 제국공주는 충렬왕의 왕비가 된 후에도 줄곧 몽골인 시종을 부리며 몽골어를 쓰고 몽골 풍속을 그대로 따랐다. 그 바람에 고려 왕실에는 몽골 언어와 풍속이 만연하게 되었다.

하지만 그런 어려운 상황에서도 고려 부흥을 위한 소리 없는 항쟁이 다시 시작되고 있었다.

"지금 조정은 완전히 원나라 손아귀에서 놀아나고 있다. 왕은 아무런 힘도 발휘할 수 없지만 더 늦기 전에 민족성을 고취시키고 자주성 회복에 힘을 쏟지 않는다면 우리 고려는 영영 원나라 손아귀를 벗어나지 못한다."

승려 일연은 1281년에 『삼국유사』를 저술하여 고려 민족의 역사적 전통을 일깨워주려 노력했고, 당대의 대학자 안향은 민족주의와 춘추대의에 의한 명분주의 정신을 강조하는 주자학을 도입하여 고려 유학의 새로운 지평을 열었다.

"고려 왕은 태어난 세자를 데리고 입조하도록 하라!"

원나라에서는 충렬왕과 세자의 입조를 요구했다. 충렬왕은 원나라의 부름을 받고 장목왕후와 세자를 데리고 원나라를 방문했다.

"참으로 기쁜 일이다. 내 외손자의 이름을 이지르부카라고 짓도록 하겠다."

"고려 왕에게는 부마국왕 칭호를 내린다!"

부마국왕이란 즉, '사위의 나라'라는 뜻이었다.

오늘날의 시각으로 본다면 부마국이 되어 원나라에 조공을 바치는 것 등이 굴욕적이고 사대주의로 보이지만 고려 시대에는 굴욕이 아니었다. 작은 나라가 큰 나라를 섬기며 나라와 백성을 보존하려는 것을 가치 있게 생각하는 것이 상식이었다.

그런데 원나라에서 돌아온 뒤, 충렬왕은 점점 정사를 돌보지 않았다. 원나라에서 배운 사냥에 빠져 정사는 뒷전으로 미루고 국고를 탕진시켰다. 사냥만 좋아한 것이 아니라 여자도 좋아해서 사냥터에까지 여자를 데리고 다녔다.

왕장 세자는 어려서부터 퍽 총명했다.

하루는 땔나무를 잔뜩 짊어지고 궁중으로 들어오는 사람의 의복을 보고 어린 세자는 깜짝 놀라 물었다.

"저것이 어찌 사람이 입고 다니는 옷이라 하겠느냐? 나라가 태평성대를 이루려면 백성이 잘 먹고 잘 살아야 하는 법인데 저토록 남루한 의복을 걸치고 다니니 성 밖의 백성들이 얼마나 힘들게 사는지 알겠구나."

왕장 세자의 말에 아무도 대꾸를 못했다. 또한 하루는 어느 궁노가 연을 들고 와서 왕장 세자에게 주었다.

"이 연을 네가 만들었느냐?"

왕장 세자가 묻자 궁노는 자랑스럽게 대답했다.

"아닙니다. 궁 밖에 사는 아이들이 연을 만들어 놀고 있는데 그 중에서 가장 하늘을 잘 나는 연을 제가 가져왔습니다."

그 말에 왕장 세자는 크게 화를 냈다.

"이건 남의 물건을 훔쳐온 것이 아니냐? 아무리 어린아이라지만 아끼는 제 물건을 잃어버리고 얼마나 화가 나겠느냐? 당장 돌려주도록 해라!"

그 소리를 듣고 한 환관이 왕장 세자를 타일렀다.

"마마는 총명하시니 제 말을 잘 새겨들으실 것으로 여깁니다. 장차 보위를 이어 받으실 분은 넓은 마음으로 모든 것을 용서하고 포용할 줄 아는 덕이 필요합니다."

그러나 왕장 세자는 버럭 화를 냈다.

"어째서 너희는 스스로 배울 생각은 하지 않으면서 나를 손아귀에 넣고 떡 주무르듯 하려 하는 것이냐? 나를 그렇게 마음대로 주무를 작정이냐?"

그 뒤에도 박씨를 지닌 깅후가 왕상 세자에게 호되게 당한 일이 있었다.

"마마께서 편찮으실 때 제 머리카락과 팔꿈치를 태워 그 연기로 병을 고쳤습니다."

칭찬을 받기 위해 자랑삼아 했던 말인데 왕장 세자는 한마디로 잘라 말했다.

"무릇 신하가 임금을 섬기는 것은 지극히 충성을 다하는 것이거늘 자신의 몸을 태워서 충성을 다한다는 것은 아첨에 불과할 뿐이오."

하루는 충렬왕이 사냥을 떠나는 것을 보고 왕장 세자는 울음을 터뜨렸다.

"왜 우십니까?"

유모가 묻자 왕장 세자는 울면서 이렇게 대답했다.

"지금 백성의 생활이 곤궁해 허덕이고 농사철이 닥쳤는데도 아바마마께서는 나라를 돌보지 않으시고 어찌 멀리 사냥을 떠나려 하시는 것인지 모르겠다."

그 말은 곧 충렬왕의 귀에까지 들어갔다. 그러나 충렬왕은 사냥을 포기하지 않았고, 얼마 후 장목왕후가 병으로 앓아눕자 그때서야 사냥을 포기했다.

『고려사』에는 왕장이 충렬왕이 사냥을 떠나려 하자 울음보를 터뜨렸다고 기록해 놓았다. 충선왕의 어린 시절의 총명함을 나타내기 위한 것일 수도 있겠지만, 모후인 장목왕후가 충렬왕의 잦은 사냥을 몹시 싫어했고, 어린 충선왕은 모후의 심정을 그런 행동으로 대신했다고 보고 있다. 그만큼 충렬왕과 장목왕후의 갈등이 심했고, 충선왕은 어린 시절을 두 사람의 갈등을 지켜보며 자라야 했을 것이다.

왕장 세자는 열세 살이 되던 해에 다시 원나라로 향했다. 그 때 신하 한 명이 여행 경비로 은 40근과 호랑이 가죽 20장을 바쳤다.

"이것을 경비 삼아 뜻있는 여행이 되시기 바랍니다."

하지만 세자는 그것을 받지 않았다.

"이 물건들은 모두 백성을 괴롭히고 원성을 산 물건들이 분명할 텐데, 내가 어찌 그것을 받겠는가."

왕장 세자는 어린 시절에 궐 밖으로 나가는 것을 좋아했다. 그런데 궐 밖으로 나설 때마다 초라한 몰골의 백성들이 길을 막고 하소연을 했다.

"권세가들에게 빼앗긴 땅을 되찾아 주십시오."

회룡포(경상북도 예천군)
회룡포는 낙동강 지류인 내성천이 용의 비상처럼 물을 휘감아 돌아간다 하여 붙여진 이름으로 높이 190m의 비룡산을 다시 350도 되돌아서 흘러 나가는 '육지 속의 섬마을'이다.

"조상 때부터 이어 받은 땅을 하루아침에 빼앗겼습니다. 제발 그 땅을 찾게 해 주십시오."

"오갈 데 없는 백성에게 땅을 빼앗은 권세가들을 몰아내 주십시오."

왕장 세자는 백성의 하소연을 들을 때마다 마음이 무거웠다.

"지금 고려는 원나라의 지원을 받는 세력이 나라 전체를 휘어잡고 있다. 고려 왕실에서 사패(賜牌)라는 토지 개간권을 남발한 것이 큰 화근이 되고 있다."

왕장 세자는 고려 왕조가 안팎으로 안고 있는 문제점을 정확하게 파악하고 있었다. 그 무렵에 충렬왕은 사패라는 토지 개간권을 측근이나 공신들에게 상으로 주고는 했다. 그것이 사급전(賜給田)이었다.

"몽골과의 전쟁 후 황폐해진 농지를 개간하면 그 땅의 소유권을 인정하겠다."

그런데 권세가들은 그것에 만족하지 않았다. 백성의 토지를 빼앗거나 백성을 노비로 삼아 자신들의 토지를 돌보게 했다.

"나라 전체에 농장과 같은 대토지 소유 제도가 발달했지만 백성은 땅을 빼앗기고, 그나마 땅을 가진 백성도 무거운 조세 부담 때문에 도망을 치고 있질 않은가. 권세가들의 재산은 날로 늘어나지만 왕조의 재정은 날로 피폐해져 가고 있구나."

백성은 억울함을 호소했지만, 고려 왕은 백성의 땅을 약탈한 권세가를 처벌할 능력이 없었다. 고작 조세를 감면해 주거나 도망간 백성을 불러들이는 것 정도가 전부였다.

"흥, 우리가 불법으로 제아무리 땅을 넓혀도 왕은 한마

디도 할 수 없으니 얼마나 다행인가."

"우리를 잘못 건들었다가는 왕 자리는 물론이고 목숨도 부지하기 어렵지."

대부분의 권세가들은 왕의 측근이거나 원나라 세력을 등에 업고 있어서 왕 조차도 건들 수가 없는 세력이었다.

왕장 세자가 열여덟 살 되던 해, 원나라 연경에서 세자비가 정해졌다.

"고려 왕은 세자와 함께 원나라로 들어와 세자의 혼례식을 지켜보도록 하라!"

원나라 조정에서는 충렬왕과 왕장 세자에게 원나라로 들어오라는 전갈을 보냈다. 충렬왕은 9월에 왕장 세자와 함께 신하 243명, 시중하는 부하 590명, 말 990필의 대규모 사절단을 이끌고 원나라로 출발했다.

그리고 원나라에 도착한 왕장 세자는 충렬왕 22년인 1296년 11월에 원나라 황실 공주인 계국공주와 결혼했다. 계국공주는 원나라 진왕 감마랄의 딸이었다. 진왕 감마랄은 원나라 세조의 손자로 황실의 가문이었다.

왕장 세자의 결혼이 끝난 뒤, 충렬왕은 먼저 고려로 돌아갔다. 하지만 왕장 세자는 오랫동안 원나라에 머물렀다.

왕장 세자는 원나라에 머물며 외할아버지인 원나라 세조와 곧잘 학문에 대한 토론을 벌이고는 했다.

"요즈음 무슨 책을 읽느냐?"

"『통감(중국의 역사책)』을 읽고 있습니다."

"역대 제왕 중 가장 뛰어난 현군이 누구였더냐?"

"한의 고조와 당의 태종이었습니다."

"그 두 사람과 나를 비교하면 어떤 차이가 있느냐?"

황제가 물었지만 왕장 세자는 슬그머니 대답을 피했다.

"아직은 제가 어린 탓에 감히 답할 만한 학문을 이루지 못했습니다."

"어린 데도 학문이 뛰어나구나. 짐의 집안의 외손으로 태어나서 그 나라 사람들의 한결같은 존경을 한 몸에 받고 있으며 황제를 섬기기에 성의를 다하고 있다. 그대의 공로

또한 지대하여 황실 외척으로 특별히 우대한다. 그대는 아들로서 효도하고 신하로서 충성을 다하라. 또한 국법을 스스로 지켜 한 나라 왕의 본분을 잃지 않음으로써 오늘의 영광을 보답하라."

원나라 황제는 왕장 세자에게 고려의 벼슬인 도첨의사로 책봉하면서 은으로 만든 도장을 주었다.

1294년, 원나라의 세조가 숨을 거두었다. 그리고 성종이 원나라 황제로 즉위했다.

그런데 세조의 장례식을 치르고 고려로 돌아갔던 장목왕후가 몇 개월 후에 숨을 거두었다.

"어마마마께서 돌아가셨다고? 느닷없이 돌아가신 것은 아바마마 때문이다. 고려로 당장 돌아가 내 손으로 어마마마의 원한을 갚고 말겠다!"

1297년, 왕장 세자는 급히 고려로 귀국했다.

"어마마마께서 갑자기 세상을 등진 것은 아바마마께서 총애하는 궁인 무비 때문이다!"

충렬왕은 장목왕후를 가까이하지 않았다. 대신 궁인 무비를 총애하여 그녀의 측근들과 어울려 지내고는 했다. 그 탓에 조정의 힘은 무비에게로 집중되어 있었다. 그 일로 충렬왕과 장목왕후는 자주 마찰을 빚었고, 그 사실을 알고 있던 왕장 세자도 충렬왕을 몹시 미워하고 있었다.

"누구 때문에 건강하신 어마마마께서 숨을 거두신 것 같으냐?"

"궁인 무비에 대한 분노를 삭이지 못해 가슴앓이를 하다 숨을 거두셨습니다."

측근에서도 무비 때문에 장목왕후가 숨을 거두었다고 거들었다.

"무비는 물론이고 무비를 둘러싸고 횡포를 자행하던 환관 도성기, 최세연, 김숙, 방종저, 김근 등을 처형하고 무리 40명을 귀양 보내라!"

왕장 세자는 무비 측근을 모조리 제거해 버렸다. 부왕인 충렬왕이 있는데도 불구하고 그런 과감한 조치를 취할 수 있었던 것은 원나라의 힘을 등에 업고 있기 때문이었다.

"무비 무리를 준엄하게 처형해서 온 나라를 공포로 몰아넣을 정도였으니 참으로 결단력이 강한 세자야."

"부왕이 총애하는 무비를 그렇듯 처참하게 없애 버린 것도 원나라 조정의 힘을 업고 있기 때문이겠지."

백성은 궁중의 부패를 과감하게 처리한 왕장 세자를 모두 놀라운 눈으로 바라보았다.

"이 나라 왕은 나다. 그런데도 세자는 원나라를 등에 업고 고려 왕인 나를 업신여기고 있구나!"

그 일로 충렬왕과 왕장 세자의 사이는 크게 멀어지고 말았다. 그러나 무비 사건은 조정의 부패 세력을 몰아내는 것으로 끝나지 않았다. 그 사건은 충렬왕의 세력을 약화시키는 결정적인 원인이 되었다.

"확고한 세력을 잡기 위해서는 내 세력을 정부의 주요 기관에 앉혀야만 강력한 지도력을 발휘할 수 있다."

왕장 세자는 고려 조정에 머무는 동안 자기의 세력을 모으는데 온 힘을 쏟았고, 홍문계, 조인규, 홍자번 등이 지원 세력으로 자리를 굳혔다.

10월에 왕장 세자는 다시 원나라로 떠났지만 충렬왕은 이미 모든 의욕을 상실한 뒤였다.

병산 서원의 만대루
이 만대루는 휴식과 강학의 복합 공간으로 200여 명을 수용할 수 있는 장대한 모습이다. 아래층의 나무 기둥과 자연 그대로의 주춧돌, 커다란 통나무를 깎아 만든 계단, 굽이도는 강물의 형상을 닮은 대들보의 모습은 건축물도 자연의 일부로 생각한 조상의 지혜가 엿보인다.

"나는 제국공주가 버티고 있는 경우에 한해서 원나라 부마국의 국왕으로서 왕권을 유지할 수 있었다."

충렬왕은 장목왕후의 죽음과 총애하던 무비의 죽음, 측근 세력들의 몰락 등 감당하기 힘든 충격과 세자와의 알력을 견디지 못하고 왕위를 물러날 것을 결심했다.

"과인은 왕위를 세자에게 선양하기로 결심했소. 경들은 상국에 입조하여 황제께 과인의 뜻을 전하고 일이 성사되도록 모든 조치를 취하시오."

그러자 조인규, 인후, 유비 등이 충렬왕의 결정을 강력하게 반대하고 나섰다.

"우리 고려는 하루빨리 힘을 길러 원나라의 지배에서 독립을 해야 됩니다. 마음 약하신 말씀을 하시면 이 나라 종묘사직은 누가 지킨단 말씀입니까?"

하지만 충렬왕은 뜻을 굽히지 않았다.

"우리 고려가 강한 나라의 외침을 받지 않고 백성을 더 이상 도탄에 빠지지 않게 하려면 원나라의 지원을 받고 있는 세자에게 하루빨리 왕위를 물려주는 것이 가장 좋은 방법이오."

그 후, 충렬왕은 태상왕으로 물러나고, 충선왕이 고려 제26대 왕이 되어 국정을 관장하게 되었다.

충선왕의 개혁 정치

원나라에서는 충선왕의 즉위를 축하하고, 계국공주와 함께 많은 사신을 딸려 보냈다.

그 때 충선왕의 나이 24살이었다. 충선왕은 성장기의 반을 대륙에서 보냈다. 포부가 컸고, 즉위한 날부터 묵은 폐습을 과감하게 척결할 정도로 결단성이 있었다.

왕위를 이어 받은 충선왕은 교서(임금이 내린 명령서)를 발표했다.

'옛적에 우리 태조(왕건)가 삼한을 통일하고 높은 이름을 만대에 빛나게 했으며 조상의 유업을 계승하여 오늘에 이르렀다. 우리 선왕(충렬왕)께서는 백성과 고려 사직을 위해 스

마애동 석조 비로자나불 좌상(경상북도)
이 불상은 통일 신라 말에 유행한 비로자나 불상의 양식적 특징을 보여주는 작품으로 제작 연대는 9세기경으로 추정한다.

스로 상국의 딸과 혼례를 올려 25년간의 태평 세대를 이끌었다. 하늘의 보살핌이 부족하여 모후가 세상을 등지셨으니 부왕께서 정사에 권태를 느껴 나에게 국가의 큰일을 맡기셨으므로 굳이 사양하다가 왕위에 오르게 되었다. 세조 황제의 외손이 되어 황태후의 배려를 받아 황실의 공주와 결혼하여 본국으로 돌아왔다. 선조가 쌓아 놓은 공덕에 힘입어 국가의 크나큰 유업을 길이 보전하게 되었으니 황제께서 베

풀어 준 두터운 은덕을 온 나라에 길이 알리도록 하라.'

충선왕은 즉위하자마자 정치, 경제, 사회 전반에 걸쳐 대대적인 개혁을 감행했다.

즉위서에 담긴 30여 항의 개혁안은 국정 전반에 걸친 광범위하고도 과감한 내용들이었다.

"합단의 침입(1290년 충렬왕 16년, 원나라 반란군이 고려에 침입한 사건)으로 공을 세운 원주 고을 사람들에게 포상을 내리고 조세, 부역을 3년간 면해 주도록 하라!"

"개국 공신 자손들에게 공신전(공신에게 준 논밭)을 환급함으로써 국가의 위상을 새롭게 정립하도록 하라!"

"내시와 다방 관속들의 등급을 올려 왕권을 강화하고, 중형 죄를 제외한 위법자 중에 능력이 뛰어난 자가 있으면 등용하여 쓰도록 하라!"

"승려의 직분을 새롭게 하고 지방에 묻혀 있는 선비들을 등용하여 문신의 힘을 키우도록 하라!"

충선왕은 국가의 기강을 바로 세우는데 총력을 기울였다. 또한 원나라의 세력을 등에 업고 질서를 어지럽게 하고 세력을 이용하여 많은 부를 누리는 자들은 정치, 경제, 사회의 폐단을 일으키는 장본인이라 보고 제거 계획을 세웠다.

4월에는 인사를 담당하던 정방을 폐지하여 한림원과 합쳤고, 5월에는 전면적 관제 개혁을 실시했다.

"부왕의 즉위년에 원나라의 강압으로 격하된 관청 명을 없애고 광정원, 자정원, 사림원 등의 새로운 관청을 구성하라!"

충선왕의 새로운 관제 개혁은 다소 반원적인 성향을 띠고 있었다.

충선왕은 초참, 박전지, 오한경, 이진 등 네 사람의 어진 학사들을 곁에 두고 충언을 귀담아들었다.

"개혁의 속도를 너무 빠르게 하지 마십시오. 자칫 잘못했다가는 원나라의 미움을 사 모든 일이 수포가 될 수도 있습니다."

"개혁이 반대파를 숙청하는 것에 지나지 않는다면 어느 백성이 마마를 믿고 따르겠습니까?"

"보수파와 수구파는 마마의 개혁을 몹시 못마땅해 합니다. 그것은 자신들의 안위를 위협당하는 것이기 때문입니다. 그러나 백성에게는 한 줄기 빛이고 희망입니다."

충선왕은 항상 네 학자의 말에 따랐다.

"개혁의 의도는 원나라 황실의 배척에 있는 것은 결코 아니오. 이미 허수아비로 전락한 우리 고려의 부강이 우선이오."

개혁을 못마땅해 하는 세력이 반격을 해 오고 있었지만 충선왕은 아랑곳하지 않았다.

"그대들은 부와 권력을 마음껏 누리다가 하루아침에 모든 것을 잃게 되었으니 얼마나 억울한가! 그러나 나라가 먼저 강해져야 그대들의 안위도 안전하다는 것을 잊지 마시오!"

충선왕은 반대 세력과 당당하게 맞섰다.

반면에 뜻깊은 혁신 세력은 충선왕의 개혁을 적극 지지하고 나섰다.

"우리 고려는 오랜 세월 동안 칼을 앞세운 무신들로 인해 강토가 초토화되고 백성은 도탄에 빠졌습니다. 또한 수차례에 걸친 몽골의 침략으로 이루 말할 수 없는 피해를 입었습니다. 마마께서는 항상 태조께서 내세운 건국 이념을 잊지 마시고 고려를 부강한 나라로 이끌어 주십시오."

충선왕은 백성의 토지를 빼앗고 과중한 수탈로 백성들을 힘들게 한 권세가, 즉 충렬왕 측근을 제거하는 과감한 개혁을 멈추지 않았다. 또한 충렬왕 때 측근 정치를 비판하다가 쫓겨났던 이승휴 등을 불러들여 시국에 대한 의견을 묻는 등 사대부 중심의 유교 관료 집단을 과감하게 등용하는 대대적인 인사 개혁도 함께 단행했다.

"개혁 대상으로 지목된 자들은 원나라와의 관계를 이용하여 사회 폐단을 일으킨 권문세가들이다!"

그런데 그 무렵에 충선왕의 개혁 정책에 심각한 타격을 받는 사건이 터졌다. '조비무고사건'이었다.

충선왕은 열여덟 살 때 조인규의 딸을 세자비로 맞이했다. 그녀가 곧 조비다.

충선왕에게는 예수진이라는 또 한 명의 원나라 여자가 부인으로 있었는데 의비로 호칭되었다. 그녀는 충선왕이 계국공주와 혼례를 올리기 전에 이미 비가 되어 있었고, 아들 둘을 낳았다.

고려로 돌아와 왕위에 오른 충선왕은 조비를 특히 사랑했다. 정비(왕의 정실인 왕비를 후궁에 대하여 이르는 말. 정실부인)인 계국공주의 세력은 충선왕을 능가할 정도였다. 계국공주는 원나라 세력을 등에 업고 사사건건 정치에 간섭하려 들었고, 충선왕은 그런 계국공주가 부담스러울 수밖에 없었다.

계국공주는 조비가 충선왕의 총애를 독차지하는 것을 몹시 질투했다.

"감히 원나라 공주인 나를 무시하고 한갓 고려 신하의 딸인 조비를 총애하다니, 절대 가만있지 않겠다."
그런데 며칠 뒤, 익명의 글이 궁문에 나붙었다.

'조인규의 처가 무당을 불러 굿을 하여 왕이 계국공주를 사랑하지 못하게 하고 자기 딸만 사랑하도록 해 달라고 빌었다!'

누가 쓰고 누가 붙였는지 알 수 없었지만 그 글은 며칠 동안 궁문에 붙어 있었다.
"또 한 번 피비린내 나는 일이 터지겠구먼."
"저 글을 누가 썼을지 모르지만 조정이 다시 소용돌이 속에 휘말리고 말겠어."
모두 그 일을 걱정했고, 우려대로 계국공주는 당장 조인규와 그의 부인, 그리고 척족들을 감옥에 가두었다.
계국공주는 조인규를 심하게 몰아붙였다.

쌍계사에서 바라본 앞마을
쌍계사는 840년(신라 문성왕 2)에 진감 선사가 개창했다.

"그대는 이 나라의 재상으로서 원나라 황제의 명령을 어겼을 뿐만 아니라 마음대로 관제를 뜯어고치고 죄인을 벌하는 죄를 짓더니 이제는 원나라 황실의 공주인 나를 저주하는 행동까지 서슴지 않는단 말이오?"

"우리는 그런 일을 한 적이 없습니다. 어찌 나라의 녹봉을 먹는 자가 그런 어리석은 짓을 하여 나라 안팎을 어지럽히겠습니까?"

조인규는 끝까지 당당했다. 그러나 계국공주는 포기하지 않고 원나라 황실로 편지를 보냈다.

'왕이 조비만 총애하여 저는 거들떠보지도 않을 뿐만 아니라 관직을 변경하여 정사를 반원적 차원으로 처리하고 있으니 이는 마땅히 지적이 있어야 옳습니다.'

계국공주의 편지를 받은 원나라 황태후는 활활불화에게 사신을 붙여 고려로 달려가 사건을 추궁하게 했다.
"조비를 비롯해 최충소와 유온은 순마소에 가두고 조인규와 그의 처는 원나라로 압송하라!"
감옥에 갇혔다가 원나라로 압송된 조인규는 고문을 견디지 못하고 허위로 자백하고 말았다.
"모든 걸 나 혼자 저지른 일이니 나 혼자만 죽이고 다른 사람은 아무것도 모르는 일이니 살려 주시오!"
조인규는 다른 사람을 살리기 위해 거짓 자백을 했다.

"그렇게 쉽게 끝날 일이 아니다! 다시 고려에 있는 조비와 내관 이온을 원나라로 압송하라!"

원나라로 압송된 조비는 옥에 갇히고, 조인규는 산골 벽지로 유배를 당하는 것으로 사건은 일단락되었다.

하지만 원나라 조정은 그 일을 핑계 삼아 충선왕 폐위를 진행시켰다.

"충선왕은 공주를 데리고 즉시 입조하라!"

그 무렵에 충선왕은 관제 개혁과 쇄신에 온 힘을 기울이고 있었고, 원나라의 입조 요구는 이만저만 낭패스러운 일이 아닐 수 없었다.

"원나라에 다녀오게 되면 거의 반 년 동안 나라를 비우게 된다. 그렇게 되면 막 시작한 나라의 기강 확립과 정책들이 큰 지장을 받는다."

충선왕은 왕위에 오른 지 겨우 7개월 밖에 안 된 자신에게 입조를 요구하는 원나라가 못마땅했다. 충선왕은 곧 입조하겠다는 말만 하고 날짜를 늦췄다.

"원나라 황실에서 나를 소환하려는 것은 공주와의 불화 때문이 아니다. 그것은 명분일 뿐이다. 원나라는 고려의 빠른 개혁 속도를 우려하는 것이다."

충선왕은 입조를 서두르지 않았지만 원나라에서는 하루가 멀다 하고 재촉을 했다.

"당장 충선왕은 입조하라!"

충선왕이 입조를 미루자 원나라 황실에서는 보루구라는 사신을 보내 협박을 하기도 했다.

"원의 입조를 서두르지 않는다면 어떤 후환이 따를지 먼저 생각하십시오."

보루구는 간교하고 포악하여 속국을 다스리는 데 가차 없는 행동으로 황실의 신임을 받고 있는 인물이었다.

충선왕은 마지못해 계국공주와 몇몇 신하들을 거느리고 원나라에 입조하기로 결정했다. 그 때가 8월 17일이었다.

충선왕이 원나라 입조를 결정하자 환송회가 열렸다. 그 자리에는 태상왕으로 물러나 있던 충렬왕도 와 있었다.

연회가 시작되자 보루구가 충선왕에게 물었다.

"원나라에 가 계실 동안 옥새를 어떻게 하시렵니까?"

"옥새는 당연히 왕이 지니고 있어야 하는 것 아니겠소?"

"그럼 지금 옥새를 지니고 계십니까?"

"그렇소."

"그럼 옥새를 잠깐 보여 주십시오. 제가 꼭 봐야 할 일이 있습니다."

충선왕은 강압적으로 나오는 보루구의 말에 옥새를 보여 주었다. 그런데 그 때였다.

"이건 황제의 명령이오. 황제의 조서가 있으니 태상왕께서는 옥새를 받으시오!"

보루구는 옥새를 강제로 빼앗은 뒤에 황제의 조서를 보여 주었다.

'고려의 전 국왕 왕거(충렬왕)에게 고하노니 일전에 네가 글로써 세자 원(충선왕)에게 왕위를 물려 줄 것을 요청하였으

형제봉에서 본 지리산(전라남도 곡성군)
우뚝 솟은 봉우리가 우애 깊은 형제를 닮았다고 해서 형제봉이라는 지명이 붙었다고 한다.

므로 원에게 명하기를 국왕의 직위를 계승하여 국가 사업에 전과 같이 나의 교훈과 지도를 받으라 하였는데 이제 듣건대 원이 정사를 처리하는 데 있어 독단으로 일을 저지른다 하니 정치가 잘 되지 않아 나라가 어지럽고 백성이 근심 걱정에 휩싸이고 있다. 아직 젊고 경력이 짧은 탓으로 내가 친히 부탁한 뜻에 맞지 않는 행동을 한 것으로 생각된다. 이번에 특별히 조서를 보내니 예전대로 나라를 통치하도록 하라!'

충선왕을 폐하고 다시 충렬왕이 왕위를 선양받으라는 조서였다.

"고려 왕실의 엄청난 모독이다!"

"왕위에 오른 지 일 년도 안 되었는데 다시 폐위를 시키다니!"

"정식으로 양위를 요구할 수도 있을 텐데 이런 식으로 기습적으로 옥새를 빼앗아 왕을 바꿔도 된단 말인가?"

"아무리 우리 고려가 부마국으로 전락했다고 하지만 어떻게 다른 나라에서 왕을 함부로 갈아치울 수 있단 말이냐?"

모두 원나라 황실의 지시를 어처구니없어 했지만 어쩔 수가 없었다.

하지만 원나라에서 그렇게 강압적인 방법을 쓴 것은 평소의 충선왕의 성격을 잘 알고 있었기 때문이었다. 충선왕이 고려 조정에 반원적 세력을 더 키우지 못하도록 방해하려는 것이 가장 큰 목적이었다.

"다시 고려를 부강하게 하는 것이 이렇게 어려운 일이란 말인가. 고작 7개월을 일했을 뿐인데, 고려를 다시 일으켜 세우는 일이 이렇게 험난하단 말인가."

충선왕의 충격은 이루 말할 수 없이 컸다.

"이 모든 것은 원나라만의 생각이 아니다. 나를 못마땅하게 여기는 자들이 꾸민 음모다."

원나라가 충선왕을 폐위한 것은 단순히 조비무고사건 때문만은 아니었다.

그 동안 충선왕의 개혁 정치에 불만을 품고 있던 반대 세력은 원나라를 찾아가 집요하게 반대 공작을 펴고 있었다.

"이미 20년 이상 국왕과 원나라에 빌붙어 온 세력들만 제거하면 되는 것으로 믿었는데 그게 아니었구나. 저들은 내 통치권을 비웃으며 원나라의 힘을 이용해 나를 축출했어."

하지만 충선왕을 지지했던 세력은 충선왕의 폐위를 몹시 서운해 했다.

"젊은 국왕의 개혁은 비록 실패로 끝났지만, 고려 전반의 문제점을 정확히 꿰뚫고 있었던 왕이다."

"원나라 황실의 손자로 태어났지만 그 어떤 왕보다도 고려를 아꼈고, 고려를 다시 살리려고 애쓴 왕이었다."

"이 나라를 조금만 더 통치했다면 나라를 좀먹는 권세가들을 과감하게 제거할 수 있었을 텐데……."

반대 세력과의 끝없는 충돌

충렬왕이 원나라의 도움을 받아 다시 왕위에 오르자 그동안 충선왕을 반대했던 세력이 목소리를 높였다.

"충선왕이 다시는 고려로 돌아올 수 없게 해야 합니다."

"잘못했다가는 원나라의 미움을 받아 또다시 고려가 전쟁터로 변할 수도 있는 일입니다."

"계국공주와 충선왕은 금실이 좋지 않았습니다. 계국공주를 과부 아닌 과부로 만든다면 그것 또한 원나라 황실의 노여움을 살 일입니다. 그러므로 원나라 황실에서 계국공주를 개가시키도록 손을 써야 합니다."

그들은 원나라 황실을 염려하는 것이 아니었다.

"계국공주가 그대로 충선왕의 비로 남아 있다면, 충선왕이 언젠가는 고려로 다시 돌아와 왕위에 오르게 된다."

그들은 충선왕이 다시 왕위에 오르는 것을 크게 염려하고 있었다.

공주는 충선왕을 따라 고려로 온 이후, 서흥후 왕전과 가깝게 지냈다. 서흥후 왕전은 충선왕과 10촌간인데 얼굴이 잘생겼고, 공주는 그를 몹시 좋아했다.

"서흥후 왕전에게 계국공주를 개가시키고, 왕전으로 하여금 왕위를 잇도록 해야 고려 사직이 안전할 것입니다."

"다행히 두 사람은 사이가 좋으니 원나라 황실의 허락만 받아낸다면 부부로 맺어지는 일은 별 어려움이 없습니다."

그 계책은 충선왕의 지위를 박탈하려는 음모였다. 계국공주가 개가를 하게 되면 충선왕은 부마로서 자격이 없어지고, 결국 다음 고려 왕의 자리는 충선왕과는 아무 상관이 없었다.

충렬왕도 신하들의 의견에 따랐다.

"서둘러 원나라에 사신을 파견하여 계국공주와 서흥후

왕전의 혼인을 허락받도록 하라!"

얼마 후, 원나라로 보낼 상소문이 지어졌다.

'계국공주님이 고려로 시집와서 충선왕과 사이가 좋지 않아 젊은 나이에 혼자 지내는 것이 안타깝고 슬하에 자녀도 없으므로 공주님의 개가를 진심으로 원하오니 허락하여 주십시오.'

충렬왕 27년, 사신은 상소문을 들고 고려를 출발했다. 하지만 사신은 원나라로 가지 않았다.

"비록 폐위되었지만 충선왕이 시퍼렇게 두 눈을 뜨고 있는데 만약 이 일이 잘못되면 내 목이 열 개라도 모자란다."

결국 사신은 도적 떼가 도처에 출몰해서 원나라로 갈 수 없었다는 핑계를 대고 돌아와 버렸다.

"나라의 운명이 달린 중요한 상소문을 도적 떼 손에 들어간다면 그것 또한 큰일이니 그냥 돌아온 것만도 다행이

낙산사 홍련암
강원도 양양군 강현면 전진리에 있는 법당 건물. 676년(신라 문무왕 16) 한국 화엄종의 개조인 의상이 창건하였다고 하는 법당 건물이다. 관음굴이라고도 한다.

다."

그러나 충렬왕 세력은 계국공주의 개가를 포기하지 않았다. 다시 민훤을 파견하여 공주를 개가시키려 했지만 성사되지 않았다.

석주, 석전보, 송인, 오기 등 충선왕 측근은 한 자리에 모여 대책을 강구했다.

"고려 왕실이 어쩌자고 이러는지 모르겠소, 원나라 공주의 개가를 위해서 왕까지 직접 나서다니!"

"이 해괴망측한 일이 세상에 알려지면 왕실의 체통은 뭐가 되겠소?"

"그것보다도 일이 왕 측근의 뜻대로 된다면 원나라 조정에서는 고려 내정 간섭을 더 강화하려고 할 것이오."

"만약에 충선왕이 영영 고려로 돌아오지 못한다면 우리도 무사할 수 없습니다."

"우리가 충선왕의 귀국 운동을 적극 펼쳐야 합니다."

그러나 그 계획을 사전에 알아낸 충선왕 반대파들은 서둘러 원나라로 사신을 파견했다.

"한 나라에 임금이 둘이 있으면 국론 또한 갈라져 나라가 혼란스러워지고 백성이 도탄에 빠지기 십상입니다. 바라옵건대, 충선왕이 계속 연경에 머물러 있도록 해 주십시오."

충선왕 반대파들은 원나라 황제에게 충선왕을 고려로 돌려보내지 말 것을 요청했다.

얼마 후, 고려로 들어온 원나라 사신은 충렬왕에게 위협적인 말을 했다.

"천지에 가장 가까운 것이 부자 사이고, 가장 중요한 것이 군신의 사이인데 어찌하여 고려 조정은 왕위를 놓고 그리도 알력이 심하단 말입니까? 이는 분명히 부자지간을 이간시키려는 자들의 소행이니 반드시 그들을 잡아 벌해야 합니다! 만약 고려 조정에서 손을 쓰지 않는다면 우리 원나라에서 손을 쓸 것입니다!"

그 말을 들은 충렬왕은 홍자번과 최유엄을 불러 의견을 물었다.

"이 일은 서로 자신의 세력을 지키려는 간신들의 음모입니다."

"서둘러 충선왕의 환국을 요청하는 상소문을 원나라로 보내시어 원나라가 직접 개입하는 일이 없도록 하셔야 합니다."

충렬왕은 두 사람의 말을 듣고 원나라로 사신을 보냈다.

그러나 반대 세력은 원나라 황실에 충선왕 환국 반대 상소를 끊임없이 올렸다.

"고려는 왜 이리 시끄러운가? 고려가 시끄러우면 그 기운이 우리 원나라까지 미칠 일이니 고려 왕을 즉시 입조시켜 책임을 묻도록 하라!"

보다못한 원나라 조정에서는 충렬왕에게 입조를 명했다.

1305년, 충렬왕은 왕유소 등의 측근을 거느리고 원나라로 들어갔다.

그러나 원나라에서도 계국공주의 개가 작업은 포기하지 않았다. 그 동안 충렬왕의 노력으로 계국공주와 서흥후 왕전의 사이는 많이 가까워져 있었다.

그 일은 충선왕을 크게 자극시켰다.

"아무리 권력이 좋다고 하지만 원나라 조정에까지 와서 나라 망신을 시키다니!"

원나라 조정에서는 충렬왕과 충선왕 사이가 나쁘다는 것을 파악하고 충렬왕에게 귀국을 서두르게 했다. 그러나 충렬왕 측근들은 한사코 귀국을 반대하고 나섰다.

"충선왕이 돌아가는 길에다 무사를 매복시켰다고 합니다. 마마께서 귀국 길에 오르면 강물에 빠뜨리려 한다니 귀국을 서두르지 마십시오. 반드시 계국공주와 서흥후의 혼례를 성사시킨 뒤에 안전하게 귀국하십시오."

결국 충렬왕도 원나라에 들어와 두 번째 해를 맞이했다. 그런데 1307년, 뜻하지 않은 일이 일어났다.

원나라의 성종이 세상을 뜨고 무종이 즉위한 것이다. 성종의 죽음은 충렬왕을 둘러싼 세력들이 기대고 있던 배경이 하루아침에 무너진 일이었다. 또한 무왕의 황제 즉위는 충선왕의 승리를 뜻했다.

충선왕이 고려에서 왕위를 빼앗기고 원나라에서 10년간 머물면서 가장 가깝게 지낸 인물이 무종이었다. 두 사람은 밤낮으로 함께 지내며 학문을 논하고 사냥도 즐겼다. 성종이 세상을 뜨자 황제의 계승을 두고 극심한 분쟁이 일어났지만 성종의 조카인 무종이 황제 자리를 차지할 수 있

해인사
남북국 시대 신라 애장왕 3년(802)에 순응과 이정이 창건했다. 그들은 가야산에 초막을 세우고 참선을 하던 중에 등창으로 고생하던 애장왕의 왕비의 병을 낫게 해 주었다. 애장왕은 그 공을 인정해 이 절을 창건하도록 했다. 대각 국사 의천이 〈속장경〉의 간행을 시도한 곳이다.

었던 데 가장 큰 공을 세운 사람은 충선왕이었다.

"나의 승리는 곧 그대의 승리이기도 하다!"

무종은 고려의 국정을 모두 충선왕에게 맡기기로 결정했다.

1308년, 모든 권력을 빼앗긴 채 고려로 돌아왔던 충렬왕이 세상을 떠났다. 부왕 부고 소식을 접한 충선왕은 서둘러 귀국 길에 올랐다.

그리고 부왕의 장례를 마치고 난 후, 수녕궁으로 가서 백관들을 데리고 즉위식을 거행했다.

갖은 어려움을 이겨내고 다시 왕위에 오른 충선왕은 대대적인 개혁 정책을 펼쳐나가기 시작했다.

"이제 나는 예전의 나약한 왕이 아니다. 이제 나는 거칠 것이 없다. 내 뒤에는 원나라 황제의 든든한 배경이 있으니 개경의 반대 세력도 나를 막지 못할 것이다."

충선왕은 10년 전에 개혁하다가 중단된 폐습을 다시 뜯어고치기 시작했다. 그러나 권세가를 제거하려 한 1차 개혁과는 달리, 왕조 정부의 재정 수입을 늘려 위기를 탈피하는 방식을 택했다.

충선왕은 제일 먼저 매년 행하여 온 중요한 국가 행사 중에서 팔관회를 없애라는 명을 내렸다.

"금년은 가뭄이 극심한 해로 백성은 끼니조차 굶고 있는데 권세가들이 가무를 즐기고 연회를 베푼다는 것은 있을 수 없는 일이오. 일찍이 성종대왕(고려 제6대 왕) 때에도 팔관회를 금한 전례가 있었으니 올해 팔관회에 대해서는 아무도 거론하지 마시오!"

충선왕의 명을 받은 김문연은 포고령을 내렸다.

'태조 이래 연례 행사처럼 열린 팔관회는 조상의 은덕을 기리고 미풍 양속을 장려하기 위함이었으나 올해의 행사는 극심한 흉년으로 백성이 기아에 허덕이고 나라의 창고가 비어 있는지라 어명으로 팔관회를 금하노라!'

팔관회 금지는 권문세가의 거센 반발과 부딪쳐야 했다.
"함께 어울려 놀 수 있고, 우리 위세를 당당히 떨칠 수 있는 기회를 왜 막는 것인가?"
"더 높은 자리를 얻기 위해서 팔관회를 핑계 삼아 많은 사람들이 뇌물을 바칠 텐데, 조정에서는 왜 방해를 한단 말인가?"
"개혁을 하다가 하루아침에 왕위에서 쫓겨나더니 그 분풀이를 하려는 모양이군."
"아무리 임금이라지만 수백 년 내려온 미풍 양속을 왜 막는단 말인가."
팔관회를 예정대로 진행해야 한다는 상소문이 빗발쳤다.

그러나 충선왕은 눈 하나 꿈쩍하지 않고 더 강력한 조치를 취했다.

"만약 어명을 어기는 자가 있거든 가차없이 중벌로 다스리겠다. 이 모든 조치는 오로지 백성을 위함이다!"

충선왕의 명은 방방곡곡으로 퍼졌고, 백성은 그 명을 의아해 했다.

"참 별일이다. 그 동안 백성의 허리를 졸라 배를 채우기에 급급했던 조정에서 무슨 생각으로 백성을 걱정하는 것일까?"

"흥, 그냥 해보는 소리 아니겠어? 그 동안 백성은 굶어 죽든 얼어 죽든 아랑곳하지 않고 왕위 쟁탈에 혈안이 되어 있다가 뜬금없이 그런 명을 내린들 누가 믿겠어?"

"그 동안 온갖 구실을 다 붙여 뜯어가기만 했던 조정에서 백성을 불쌍하게 여긴다니, 귀신이 곡할 소리구먼."

공물, 부역, 심지어는 공녀에 이르기까지 모든 것을 다 빼앗기고 살았던 백성은 충선왕의 명을 믿지 않았다.

충선왕은 무엇보다 고려의 부강이 우선이라고 여겼다.

"호랑이를 잡기 위해서는 호랑이 굴로 뛰어 들어가야 한다. 우리 고려는 동쪽의 작은 나라에 불과하다. 서둘러 세계의 제국인 원나라의 앞선 제도를 받아들여 재정 위기를 타개하고 나라를 부강하게 이끌어야 한다."

충선왕은 두 번째로 즉위하면서 개혁 교서를 내렸다.

'근래 간신들이 뜻을 얻어 나라를 우롱하고 기강을 무너뜨리고 공사의 토지와 백성의 토지를 빼앗아 백성이 살기 어렵게 되었다. 나라의 창고는 비었으나 개인의 창고는 부유하여 재물이 넘치고 있다. 나는 이를 안타깝게 생각한다. 이제 사신을 보내 백성의 토지를 조사하고 조세와 부역을 고르게 하려 한다. 이렇게 하여 나라의 씀씀이를 두루 갖추고, 관리들에게 녹봉을 넉넉하게 주고, 백성들의 재산을 풍족하게 하고자 한다.'

충선왕은 '가난은 곧 죄'라는 생각을 항상 갖고 있었다.

"나라에 3년 정도의 비축이 있어야 하고, 그렇지 못하면 나라가 아니다!"

적극적인 재정 개혁을 통해 난국을 돌파하려 한 충선왕의 개혁 정치는 멈출 줄을 몰랐다.

"혹심한 가뭄에 백성은 곡식 한 알이라도 아끼고 또 아끼는데 권세가들이 흥청망청 먹고 즐긴다는 것은 새로운 변화가 필요한 우리 고려로서는 반드시 없애야 할 일이다!"

충선왕은 지난 10년 동안 계획해 두었던 정책들을 하나하나 시행해 나갔다.

"모든 조세를 균등히 하고 부역은 정해놓은 규칙 안에서만 실행하라!"

"선비로서 초야에 묻혀 있는 뛰어난 자를 등용하고 농업을 장려하라!"

"혼자 사는 노인이나 병든 자를 구호하는 데 힘을 쓰라!"

"왕실과 문무 백관의 집안에서는 동성 간의 혼례를 삼가고 남의 노비나 일꾼을 빼앗는 자는 엄벌에 처한다!"

백성은 차츰 충선왕의 개혁 정치를 반기며 믿고 따랐지만 권문세가의 반발은 이루 말할 수 없이 거셌다. 그러나 충선왕은 재상인 이혼 등과 협의하여 시행 규칙을 강력하게 실시했다.

"나라의 기강이 해이해져 왕의 힘이 미치지 못한 지방에서는 지방관들이 세금을 마음대로 매기고 부역도 일정한 규칙 없이 함부로 부과하고 있어 백성의 원성이 높다. 전농사를 다시 설치하여 백성이 억울한 일을 당하지 않도록 돌보도록 하라!"

전농사란 궁중에서 큰 제사를 지낼 때 쓰는 곡식과 적전을 관리하는 관청으로 사농이라 부르다가 폐지되었다. 그것을 충선왕이 백성의 살림을 걱정해 다시 설치한 것이다.

"전농사를 다시 설치하는 것은 백성의 양곡을 조절하기 위함이다. 곡식을 사고 또는 팔게 함으로써 백성이 곤란할

해인사 법고
주로 불교 의식에서 쓰인 데서 법고라는 이름이 붙었다. 법고는 불교 의식 외에 승무에서도 없어서는 안 되는 중요한 악기이며, 또 일부 지방에서는 농악에서 쓰이는 소고를 법고라고 부르기도 한다.

때 구제하려는 것이지 사사로이 나라의 이익을 위한 것이 아니다. 또 나라 창고에 3년 먹을 곡식이 저장되어 있지 않으면 나라가 제 구실을 못하는 것이다. 나라가 위급할 때 갑자기 백성에게 많은 세금을 강요하면 원성이 높아질 것이 아닌가? 대체로 세력 있는 집안은 날로 부유하게 사는데 어려운 백성은 부역과 세금을 내느라 곤란을 당한다면 이는 전적으로 지방에 파견된 관리들이 사리사욕을 채우느라 관청 일을 돌보지 않는 것이다. 그대들은 나의 뜻을 잘 이해하고 앞으로는 백성을 힘들게 하는 폐단을 철저히 개선하는데 앞장서도록 하라! 만약 내 명을 어긴 자가 있으면 그 범행에 따라 엄벌로 다스리겠다!"

충선왕은 귀국하여 채 두 달도 안 되어 그 동안 고려를 힘들게 했던 여러 제도를 수없이 개혁해 나갔다.

"나는 고려 왕이다. 비록 모후가 원나라의 공주이지만, 나는 엄연히 고려 왕실을 잇는 고려 왕이다. 원나라는 고려 왕조를 철저하게 짓밟았다. 그러나 원나라에 대한 분노와 복수의 감정을 일단 억눌러야 한다. 배울 것은 배워야 한다. 원나라를 이용하여 우리 고려를 부강하게 하고 개혁을 통해 고려를 원나라 못지않은 세계 대국으로 키워야 한다. 그래야 두 번 다시 외세에 짓밟히지 않을 수 있다."

충선왕의 꿈은 고려의 세계화였다.

"나는 원나라를 이용해 고려의 세계화를 추구한 우리 나라 최초의 왕이 될 것이다!"

그러나 개혁의 벽은 너무도 두터웠다. 처음에는 충선왕의 개혁에 동참하는 것처럼 굴던 권문세가들도 자신들의 이익과 상반된 충선왕의 개혁 정치에 차츰 소극적인 자세를 취했다.

"국가의 개혁도 왕 혼자 힘으로 어려운 일인데 충선왕은 너무 오랫동안 원나라에서 살았던 탓에 문무 백관이나 관리들을 다스릴 줄을 모른다."

"뿌리 깊은 관습을 하루아침에 뿌리 뽑으려 하다니, 혼자 힘으로 어떻게 나라를 바꿔놓겠다는 것인가?"

충선왕은 수없이 개혁 정책을 내놓았지만 백성의 생활은 조금도 달라지지 않았다. 여전히 권문세가들에게 많은 세금을 뜯기며 부역에 시달리고 살았다.

"이제 진정한 충신들도 모두 떠나버렸구나. 말하기 좋아하는 자들만 내 옆에 머물고 있어."

충선왕은 너무 오랫동안 원나라 생활에 익숙해져 있었

다. 측근도 별로 없는 데다 마음을 터놓을 상대도 없었다.

"고려 왕궁 생활에 적응하기가 너무도 힘들구나."

충선왕은 고려가 원나라의 간섭으로부터 벗어날 수 없다는 것을 잘 알고 있었다. 또한 혼자 힘으로는 가난한 고려를 구제하기 어렵다는 것을 뼈저리게 느꼈다.

"어쩌면 내가 고려 땅을 떠나 원나라에 머물며 고려 사정을 잘 아는 사람에게 나라를 맡겨 다스리게 한다면 오히려 쉽게 개혁을 해 나갈 수 있을지 모른다."

결국 충선왕은 즉위 두 달 만에 숙부인 제안공 왕숙에서 정권을 대행하게 하고 다시 원나라로 들어갔다. 그러나 국내 정치의 혼잡을 피해 개인의 안일을 도모하기 위한 도피라는 세간의 원망을 면할 수가 없었다.

원나라 연경을 떠나지 않은 충선왕

연경에 도착한 충선왕은 제일 먼저 본국에 명령을 내려서 각염법(일종의 전매 제도)을 시행하게 했다.

"소금은 쌀 다음으로 중요한 물자다. 그 동안 나라에서는 도염원이라는 관청을 두어 소금 굽는 가마인 염분을 국가에서 관리하여 소금을 제조하고 백성에게 판매하여 국가 수입원으로 삼았는데 관원과 권력자들이 사사로이 이득을 가로채는 등 부당 행위를 일삼고 있다. 그 탓에 국가 재정 수입이 적어지고 백성의 세금 부담이 늘게 되었다. 앞으로는 소금 제조를 국가의 전매 제도로 바꾸고 각 고을에 의염창을 설치하여 백성은 소금과 베를 물물 교환 하도록 하겠다!"

해인사에 보관 중인 〈팔만대장경〉
해인사 〈팔만대장경〉은 국보 제32호로, 고려가 몽골의 침입을 불교의 힘으로 막아 내고자 고종 23년(1236)에 강화에서 조판에 착수하여 38년(1251)에 완성한 고려의 대장경이다. 2007년 세계 기록 유산에 지정되었다.

그 제도는 원나라의 입포매법과 계구매법을 모방한 제도였다. 충선왕의 새로운 그 제도는 큰 성공을 거두었고, 베가 4만 필이나 국고로 들어오게 되었으며 권력자들의 이익 수단이었던 소금은 국가의 재정을 튼튼하게 해 주었다.

"백성은 소금을 싸고 쉽게 구입할 수 있게 되었고, 국고가 튼튼해졌으니 얼마나 좋은 일인가."

그러나 연경에 머무는 충선왕의 전지(멀리 떨어져 있는 왕이 전달자를 통해 신하들에게 내리는 교지)에 의해 국정 전반을 운영해야 했기 때문에 조신들은 수없이 개경과 연경을 오고가야 했다. 그 탓에 국정을 수행하는 어려움이 이루 말할 수 없이 컸다. 그런 전지 정치는 고려 정치를 몹시 불안정하게 몰고 갔다.

그런데 원나라에서 배 1백 척을 건조하고 쌀 3천 석을 수송하라는 요구를 해 왔다.

"왕이 원나라 땅에 가 있으니 원나라 조정에서는 고려 백성의 어려움을 어떻게 알겠어."

"배를 건조할 일도 까마득한데 쌀 3천 석을 실어 보내라니, 고려 백성은 아예 모두 굶어죽으라는 소리구먼."

백성의 원성은 이루 말할 수 없이 높았다.

"당장 귀국하셔야 합니다. 나라를 위해서 고려로 돌아오십시오!"

최유엄이 앞장서서 귀국할 것을 상소했지만 충선왕은 끝내 원나라를 떠나지 않았다.

원나라 왕실의 후한 대접을 잃게 될까 봐 염려스러웠고, 다시금 고려 왕실로 들어가 낯선 생활을 할 자신도 없었다. 그런 데다 그 무렵, 원나라의 무종은 충선왕을 심양 왕으로 봉하고 몹시 신뢰하고 있었다.

심지어 무종이 심양의 관리들에게 충선왕을 거치지 않은 청원이나 보고는 받지 않겠다고 공언했을 정도였다. 심양 지방(지금의 봉천, 요양)에 고려의 유민과 몽골족들이 많이 살고 있었는데, 그 지역은 교통의 요지이며 군사, 경제적으로 매우 중요한 자리였다. 원나라에서는 충선왕에게 그 지역을 특별히 관리하도록 지배권을 주었고, 그것이 바로 심양 왕이라는 지위였다.

중국의 만주 땅, 넓은 구역의 왕인 심양 왕으로 임명되었다는 것은 무종이 황제로 즉위하는 데 도움을 준 것에 대한 보답이었을 것이다.

충선왕은 고려 백성을 가장 힘들게 하는 것이 토지 문제라는 것을 잘 알고 있었다.

"올바른 토지 제도의 확립이야말로 고려가 가장 먼저 고쳐야 할 문제다."

그 무렵 고려의 토지 제도는 점점 문란해지고 있었다. 권세가들은 수많은 토지를 소유하고 있었지만 가난한 백성은 권세가들 밑에서 노예처럼 살아가고 있었다.

"빈부의 차가 날로 심해지고, 국고의 수입도 점점 줄어들고 있다. 서둘러 토지 개혁을 시도해야 한다."

충선왕은 연경에서 각 도의 농무사(농사를 맡은 관리)에게 조서를 내렸다.

'첫째, 전농사에 저축한 미곡은 다만 흉년에 대처하기 위하여 준비한 것인데 간혹 관직 없는 자들이 함부로 구입할 것을 요구하기 때문에 낭비하는 일이 적지 않다. 허가 없이 쌀을 절대로 내어 주지 말 것.

둘째, 사급전(나라에서 내려준 토지)의 조세로서 이미 관청에 납입한 것은 비록 반환하여 주라는 말이 있더라도 그대로 시행하지는 말 것.

셋째, 세력 있는 자들이 처음에는 국가에서 준 것이라 하며 토지를 점유하고, 나중에는 조상 때부터 내려오는 것이라고 구실을 붙이는 자는 모두 다시 계산하여 전농사에 조세를 납부하도록 할 것.

넷째, 경기 지방의 각종 조세는 속히 징수하여 저축할 것.

다섯째, 두 곳에 창고를 새로 건설하여 흉년에 대비할 것.

여섯째, 창고는 90명의 군속들이 윤번제로 날마다 복무하게 할 것.

충선왕은 구체적인 방법까지 제시하며 명을 지키게 했다. 그러나 왕이 자리를 지키지 않는 나라에서 그 명을 지킬 사람도, 감시할 사람도 없었다. 결국 그 조서는 지주들의 반대에 부딪혀 큰 성과를 이루지 못했다.

하지만 세월이 흐를수록 고려 내부에서는 충선왕의 반대 세력이 득세하기 시작했다. 그들 중에는 원나라에 귀화해 요양행성의 장관으로 있는 홍중희에게 줄을 대어 충선왕을 모함하기도 했다.

 홍중희의 조부인 홍복원과 부친 홍다구는 일찍이 원나라에 귀화하여 본국인 고려를 모함하고 괴롭힌 사람이었다. 홍중희 또한 '주인을 무는 개'로 손가락질을 받으며 고려를 괴롭혔다. 홍중희는 원나라 연경에서 부귀영화를 누리면서 고려의 불평불만 세력과 손을 잡고 충선왕을 모함했다.

'고려의 충선왕은 연경에 머물면서 명령을 내려 고려의 관제를 뜯어고쳐 원나라의 관제와 똑같이 모방하였고, 또 어떤 것은 원나라의 것보다 더 많이 뜯어고쳤습니다. 이것은 부마국으로서 지나친 처사요, 월권 행위이니 마땅히 응징 받아야 할 것입니다.'

 홍중희의 상소를 읽은 원나라 황제는 즉시 충선왕을 불렀다.

"지난날에 도와준 것에 감사하여 지금껏 모든 벼슬을 다 주고 허물도 이해했거늘 이제 대원제국의 황제인 과인을 무시하고 고려의 관제를 허락 없이 제국의 것과 비슷하게 모방하려는 이유가 무엇인가?"

충선왕은 크게 당황했다.

"저의는 없었습니다. 다만 그 조치가 황제 폐하의 심기를 불편하게 했다면 고려의 모든 관제를 원래대로 고치도록 하겠습니다."

홍중희는 자신의 상소가 효력을 보이자 다시 상소를 올렸다.

'충선왕은 원나라 국법을 따르지 않고 연경에 머물면서 횡포를 일삼고 반란의 싹을 키우고 있습니다.'

홍중희는 이 기회에 충선왕의 세력을 원나라 조정에서 완전히 축출하려 했던 것이다. 상소를 읽은 원나라 황제는 조금 언짢아했다.

"시시비비를 가려 이 일을 확실하게 해 둬야 되겠구나."

원나라 황제는 다시 충선왕을 불렀다. 그리고 고려 사신도 함께 불렀다.

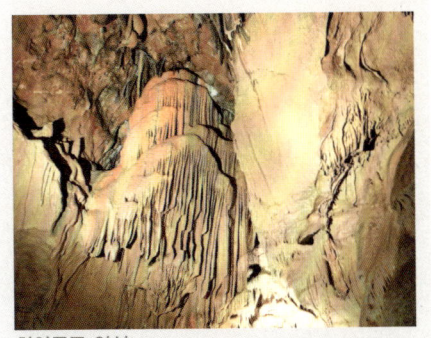

화암동굴 암석
화암동굴은 한국 최대의 석회암 동굴이다. 4억~5억 년 전에 생성된 것으로 추정된다. '역사의 장', '동화의 나라', '대자연의 신비' 등 3개의 장으로 구분해 관람을 허용하고 있다.

"충선왕이 모반의 뜻을 품고 있는가? 그리고 고려인들에게 횡포를 부리는 난폭한 왕인가?"

그러자 고려 사신을 크게 놀라며 대답했다.

"홍중희는 고려의 유민으로서 감히 왕을 무고하여 고려의 조정을 어지럽히고 나아가서는 고려를 뒤엎으려는 계략을 꾸미고 있으니 그 죄를 엄히 다스려 주십시오."

"그렇다면 홍중희는 고려 왕을 모함하기 위해 거짓 상소를 올렸단 말이냐!"

화가 난 원나라 황제는 마침내 홍중희를 귀양 보내 버렸다.

하지만 홍중희는 포기하지 않고 원나라 중서성에 호소했다.

"고려 개경에 행성을 다시 부활시켜야 한다!"

원나라는 일본을 정벌하기 위해 고려에 정동행성을 설치했다. 그래서 그곳에서 모든 전쟁에 필요한 물자를 효과적으로 공급하였는데, 전쟁이 끝난 뒤에는 고려와 원나라의 외교 관계의 형식을 규정하는 기구로 바뀌어 있었다.

"홍중희는 고려 역사에서 대역 죄인으로 기록될 자로구나. 개경에 행성을 두자는 주장은 독립국인 고려를 완전히 없애고 고려를 원나라에 복속시켜 원나라와 고려를 한 나라로 만들어 통치하자는 뜻이 아닌가."

충선왕은 앞장서서 홍중희의 개경 행성 부활을 반대했다.

"잘못했다가는 고려가 사라진다!"

충선왕은 원나라 황제를 찾아가 수없이 간청했다.

"고려는 이미 원나라의 부마국입니다. 그러니 개경 행성을 다시 부활시킬 이유가 없습니다. 만일 그런 일이 일어난다면 가까스로 원나라의 도움을 받아 안정을 되찾고 있는 고려 백성이 들불처럼 일어나 대항할 것입니다. 그럴 경우 원나라에도 결코 도움이 되지 않을 것입니다. 개경 행성 추진은 반드시 막아 주십시오."

고려가 완전히 원나라에 속해 버릴 수도 있는 역사적인 순간을 충선왕의 간청으로 가까스로 모면할 수 있었다.

1311년, 충선왕을 아꼈던 무종이 젊은 나이로 세상을 뜨고, 그의 뒤를 이어 아우인 인종의 즉위했다. 인종이 즉위한 뒤에 충선왕은 새해 인사차 원나라 황실로 들어갔다.

"너무 오래 연경에 머무는 것은 아니오? 이제 고려국으로 돌아가 정사에 힘쓰는 것이 어떻겠소?"

그러자 충선왕은 얼버무리며 대답했다.

"가을쯤에나 갈까 합니다."

하지만 충선왕은 고려로 돌아갈 마음이 전혀 없었다.

그 뒤로도 충선왕은 고려로 돌아가지 않고 계속 전지만 내려 보냈다.

전지로 나라를 다스리는 충선왕에 대한 불평불만은 날이 갈수록 심해졌다.

"어떻게 새로 지은 수녕궁에서 일만 명의 승려들에게 음식을 먹이라는 전지를 내린단 말인가? 그 궁을 지은 것도 백성이고, 만 명이 넘는 승려들이 먹는 음식도 백성이 농사지은 곡식인데 백성 어려움은 왜 조금도 헤아리지 않는가?"

"한 번도 많은데 빈둥대며 노는 승려들에게 여러 차례 음식을 먹이라고 하다니, 백성의 등이 휘는 것도 모른단 말이냐!"

"임금이 모후의 명복을 빌기 위한 숭불의 시책이라지만 그것을 이용한 승려들의 타락이 극에 달해 있는데 왜 아무도 막는 자가 없는가!"

백성의 원성이 날로 높아질 수밖에 없었던 것은 그것만이 아니었다.

"왕은 자기가 편한 곳에 머물고 있지만, 연경에서 왕이 쓰는 경비는 모두 고려에서 조달해야 한다. 원나라에 조공 바치는 것도 힘든 일인데, 왕에게까지 많은 물자를 보내야 하느냐!"

"일년에 베 10만 필에 쌀 4백 석을 보내야 하고, 철마다 각 지방의 특산물을 거두어서 연경까지 보내야 한다. 오가는 시간이 얼마며, 그 경비 또한 계산하기 어려울 일인데 왕은 백성의 원성을 못들은 척할 것인가!"

연경까지 충선왕이 써야 할 물자와 경비를 보내는 일은 이루 말할 수 없이 복잡하고 어려운 일이었다.

마침내 충선왕은 1313년 3월에 둘째 아들 강릉대군 왕도(충숙왕)에게 왕위를 물려주었다. 신하들의 환국 압력을 피하려는 극단적인 조치였다.

"세자 자리는 왕고에게 내린다!"

충선왕은 왕도에게 선위를 선포하면서 아울러 이복형 강양공의 둘째 아들인 왕고를 세자로 책봉했다. 그리고 1316년 2월에는 심양 왕 자리마저 왕고에게 물려주었다.

충선왕의 이해 못할 행동은 훗날 충숙왕과 왕고 간에 치열한 왕위 다툼을 유발시켰다.

충선왕은 끝내 고려로 돌아오지 않은 채 만권당에 칩거했다.

충선왕은 연경에 다시 건너갈 때부터 그곳에 오래 머물 계획으로 저택에다 만권당이라는 조그만 집을 지었다고 한다. 충선왕은 학문을 숭상하고, 공부하기를 좋아했으며 불경에 대한 공부도 깊이 했다. 또한 충렬왕 때부터 송나라에서 시작된 유학에 대한 관심도 높았으며 이런 것들을 논하고 공부하기 위해 만권당을 세웠을 것으로 보고 있다. 만권당이란 명칭은 만 권의 책을 쌓아둔 집이라는 뜻이었다. 그만큼 많은 책 속에서 여러 유명한 학자들이 학문을 연구하고 논했던 것이다.

충선왕은 만권당에 칩거하며 요수, 염복, 조맹부, 원명선 등 당대의 명류들과 학문을 교류했다. 또한 고려에서 이제

현을 불러들여 그들과 교류하게 하여 고려의 학문 발전에 많은 영향을 끼치게 했다. 성리학은 만권당에서 깊이 있게 연구되었고, 충선왕의 성리학에 대한 깊은 인식은 고려의 성리학 발달에 많은 영향을 끼쳤으며 고려 말의 유교 중심 사회의 기틀이 되었다.

만권당에서 연구한 과거 제도는 원나라 조정에서도 실시할 정도였다. 또한 그곳을 자주 드나들었던 원나라 학자인 조맹부는 특히 충선왕과 가깝게 지냈고, 그의 서체는 고려에 들어와 크게 퍼져 나갔다. 현재까지도 조맹부의 서체를 연구하는 서도가들이 많이 남아 있다.

충선왕의 호화로운 생활과 권력은 원나라의 무종, 인종 대까지 이어졌지만 1320년 인종이 세상을 떠나고 영종이 즉위하자 심한 환국 압박을 받아야 했다. 그런 데다 고려 출신 환관인 임빠이엔토쿠스(백안독고사)의 모함까지 받아야 했다. 그는 원래 고려의 노비였는데 스스로 환관이 되어 원나라 사신 밑에서 일하다가 그 인연으로 원나라 황

영월의 섶다리
섶다리란 Y자형 나무로 다릿발을 세우고, 위에 솔가지 등을 깔고 흙을 덮어 만드는 임시 다리를 말한다. 지금은 사라졌지만 예전에는 강마을에 많이 있었던 다리이다.

실로 들어온 자였다. 그는 이름도 몽골식으로 바꾸고 갖은 행패를 다 부렸다. 충선왕은 그가 강탈한 전답과 노비를 회수하여 주인에게 돌려준 일이 있었는데 그는 그 일로 충선왕에게 원한을 품고 있었다.

"이제 인종도 죽었으니 원나라에서 충선왕의 세력은 형편없이 약해졌다. 이 기회에 충선왕을 없애 버리겠다!"

임빠이엔토쿠스는 원나라 황제인 영종과 가까운 신하들에게 뇌물을 주며 충선왕을 모함했다.

결국 충선왕은 억울한 누명을 쓰고 형부로 끌려가 머리를 깎인 채 석불사로 안치되었다. 그러다 그 해 12월에 티베트로 귀양살이를 떠나야 했다.

그러나 아무도 충선왕을 도와주지 못했다. 이미 충선왕의 믿던 세력은 사라진 지 오래였다.

그런데 1323년, 영종이 피살되는 사건이 일어났다. 영종의 뒤를 이어 태정제가 원의 황제로 즉위하는데, 그는 충선왕의 왕비인 계국공주와 남매간이었다.

"충선왕을 연경으로 불러들여라!"

태정제는 곧바로 충선왕을 연경으로 불러들였고, 충선왕은 오랜 유배 생활에서 벗어날 수 있었다.

유배 생활에서 벗어난 충선왕은 고려 중신들에게 당부의 글을 보냈다.

'국왕의 나이 아직 어려 간신배들이 주변에 많은 것이니 경들은 왕을 내 몸처럼 돕고 간신배들을 척결하는데 앞장서 국위를 선양하고 부강한 나라로 이끌도록 하라. 경들은 진심으로 나라를 걱정하고 왕위를 옹위하여 특히 간신배들을 멀리 하도록 하라.'

충선왕도 무수한 모함과 간신들의 농간에 많은 고초를 겪었던 탓에 왕을 둘러싸고 있는 간신배들을 조심시켰던 것이다.

충선왕은 유배 생활을 마치고 연경으로 돌아온 1년 반 뒤에 숨을 거두었다. 그 때 나이 51세였다.

역사가들은 충선왕이 왜 고려로 돌아오지 않고 연경에 머물렀는지를 자세히 기록해 놓았다.

첫째, 충선왕은 원나라에서 자랐으며 어머니 또한 원나라 공주였기 때문에 고려보다 원나라의 생활이 더 익숙했다.

둘째, 원나라의 무종이나 인종과는 절친했기 때문에 그들로부터 특별 대우를 받아 편안하게 지냈다.

셋째, 고려의 왕보다 원나라 황실의 외손자로서 지위를 더 중요하게 여기고, 심양 왕의 자리에 만족해 했다.

넷째, 충선왕은 본성이 담백하여 학문을 숭상하고, 불교에 심취해서 정치와 권력에 집착이 적었을 것으로 짐작한다.

무신 정치가 끝나고, 몽골의 숱한 외침을 겪는 동안 고려는 정치가 문란해지고 백성은 도탄에 빠져 고통 속에서 지내야 했다.

　충선왕은 가난에 허덕이는 고려를 부강하게 만들려면 많은 개혁이 필요하다는 것을 누구보다 잘 알고 있었다. 그러나 원나라에 머문 기간이 너무도 길었던 탓에 국내에서 정치 기반을 확보할 수 없었고 결국은 측근 인물을 중심으로 정치를 운영할 수밖에 없는 한계를 안고 있었다.

　그러나 충선왕은 낡은 궁궐을 중수하고, 민지와 권보에게 명령하여 태조로부터 원종에 이르기까지 역대 왕들의 실록을 7권으로 축약한 『본국편년강목』을 편찬하게 하는 등, 실추된 왕실의 권위를 세우고, 고려에 새로운 변화의 입김을 불어넣었던 고려 왕실의 개혁자였다.

'역사를 바꾼 인물·인물을 키운 역사' 기획 의도

  성장기 어린이부터 청소년까지 역사는 떼려야 뗄 수가 없는 공부이다. 다른 나라 역사보다 우리 나라 역사를 더 알아야 한다는 것도 분명한 사실이다. 역사를 이끌고 가는 것은 인물이다. 역사를 이로운 길로 이끈 인물이건 나쁜 길로 이끈 인물이건 역사에서 인물이란 빼놓을 수 없는 존재다. 한 인물로 인해 역사의 흐름이 바뀌는 경우도 많고, 역사로 인해 한 인물이 탄생하는 경우도 많다. 그만큼 역사를 제대로 알려면 그 시대의 중요한 인물을 알아야 하고, 인물을 통해 역사를 읽을 수 있는 안목을 키워야 한다.

  인물 이야기는 이야기 속에 그 사람 삶의 모습이 진솔하게 담겨 있어야 할 뿐만 아니라, 인간으로서의 고뇌와 절망을 극복해 나가는 모습도 모두 함께 담겨 있어야 한다. 또 그 사람의 행동은 당시 사회 상황에서 규정되기 때문에 당시의 상황 속에서 그 인물을 관찰할 수 있어야 한다.

  '역사를 바꾼 인물·인물을 키운 역사'는 어린이는 물론이고 청소년, 그리고 일반인들까지 부담 없이 읽고 폭넓게 공감할 수 있는 내용으로 엮는 것을 최우선 방향으로 잡았다.

  인물 이야기는 백과사전이 아니다. 한 사람을 역사 속에서 바라보는 것이다. 제대로 쓰인 인물 이야기가 아니면 의미가 없다. 시대와

장소를 초월해서 하늘이 내린 인물이나 신적인 존재로 그려진 그런 인물 이야기가 아니라, 인간적인 냄새가 물씬 풍기는, 제대로 쓰인 인물 이야기가 필요할 때다.

또한 역사는 결코 지난날의 이야기가 아니다. 현재는 물론이고 미래에도 언제든지 새롭게 발견되고 새롭게 해석될 가능성이 많다. 특히 우리의 역사는 오랜 세월 동안 왜곡되고 사라진 부분이 많은 만큼 연구할 부분이 많을 수밖에 없다.

또한 우리 역사의 국통을 아는 것은 단순히 과거를 아는 것이 아니다. 우리 민족이 섬겨 왔던 조물주의 창조 섭리, 인간이 어떻게 태어나고 어떻게 봄·여름·가을·겨울을 살아왔느냐 하는 삶의 과정과 역사의 깊은 섭리를 아는 것이다.

그러자면 여러 가지 학설과 주장을 두루 듣고 연구해서 진실에 가까운 역사를 찾아내는 것이 무엇보다 중요하다. 또한 한 인물을 제대로 이해하려면 무엇보다 그 시대의 역사를 제대로 이해해야 하고, 역사를 이해하려면 그 시대를 움직인 인물을 제대로 이해하려는 노력이 필요하다.

참조문헌 두산동아백과사전 / 위키백과사전
신편 고려사절요〈신서원 출판사〉 / 고려왕조실록〈웅진출판사〉

청동빛 왕국
-충선왕-

초판 1쇄 발행	2010년 03월 30일
글	역사 · 인물 편찬 위원회
펴낸이	이영애
디자인	장원석 · 김재영
책임 교열	이소연
표지 그림	박경민
사진협조	이수용(수문출판사) / 경상북도청 / 경상남도청 / 충청남도청 충청북도청 / 경주시청 / 위키백과 / 오픈애즈
펴낸곳	역사디딤돌
출판등록	2009년 3월 23일 제312-2009-000020
주소	서울특별시 양천구 목2동 504-17번지
전화	(070)7690-2292
팩스	(02)6280-2292
E-mail	123pen@naver.com
ISBN	978-89-93930-23-8
	978-89-962557-9-6(세트)

잘못된 책은 서점에서 교환해 드립니다. 저저와 협약에 의해 인지는 생략합니다.
신저작권법에 의하여 보호를 받는 저작물이므로 무단 전재와 복제를 금합니다.